DISCERNIMENTO

Teologia e prática
comunitária e pessoal

Ladislas Orsy, SJ

DISCERNIMENTO

Teologia e prática
comunitária e pessoal

Tradução:
Cláudio Queiroz de Godoy

Edições Loyola

Título original:
Discernment: Theology and Practice, Communal and Personal
© 2020 by Ladislas Orsy, SJ
Liturgical Press, Saint John's Abbey, Collegeville, Minnesota 56321, USA.
ISBN 978-0-8146-8507-5

This book was originally published in English by Liturgical Press, Saint John's Abbey, Collegeville, Minnesota 56321, USA, and is published in this edition by license of Liturgical Press. All rights reserved.

Este livro foi publicado originalmente em inglês pela Liturgical Press, Saint John's Abbey, Collegeville, Minnesota 56321, USA, e nesta edição é publicado com autorização da Liturgical Press. Todos os direitos reservados.

Dados Internacionais de Catalogação na Publicação (CIP)
(Câmara Brasileira do Livro, SP, Brasil)

Orsy, Ladislas
  Discernimento : Teologia e prática comunitária e pessoal / Ladislas Orsy ; tradução Cláudio Queiroz de Godoy. -- 1. ed. -- São Paulo : Edições Loyola, 2023. -- (Exercícios espirituais & discernimento)

  Título original: Discernment: theology and practice, communal and personal
  ISBN 978-65-5504-237-5

  1. Discernimento cristão 2. Discernimento (Teologia cristã) 3. Espiritualidade - Igreja Católica 4. Teologia pastoral - Igreja Católica I. Título. II. Série.

23-141468   CDD-234.1

Índices para catálogo sistemático:
1. Discernimento espiritual : Doutrina cristã   234.1
    Henrique Ribeiro Soares - Bibliotecário - CRB-8/9314

Capa: Ronaldo Hideo Inoue
  Composição sobre imagem
  de © Alex | Adobe Stock.
Diagramação: Sowai Tam
Revisão técnica: Danilo Mondoni, SJ
Revisão: Maria Teresa Sampaio

Edições Loyola Jesuítas
Rua 1822 nº 341 – Ipiranga
04216-000 São Paulo, SP
T 55 11 3385 8500/8501, 2063 4275
editorial@loyola.com.br
vendas@loyola.com.br
www.loyola.com.br

Todos os direitos reservados. Nenhuma parte desta obra pode ser reproduzida ou transmitida por qualquer forma e/ou quaisquer meios (eletrônico ou mecânico, incluindo fotocópia e gravação) ou arquivada em qualquer sistema ou banco de dados sem permissão escrita da Editora.

ISBN 978-65-5504-237-5

© EDIÇÕES LOYOLA, São Paulo, Brasil, 2023

100043

A sabedoria é radiante e imperecível,
facilmente discernida por aqueles que a amam
e encontrada por aqueles que a procuram.

Sabedoria 6,12

Dedicado à memória de São Paulo VI,
Giovanni Battista Montini,
que discerniu que o Concílio Vaticano II deveria continuar
e guiou a Igreja no caminho da esperança.

Sumário

Agradecimentos 11

Introdução
Uma infinidade de problemas teóricos 13

Primeira pergunta
Quais são os fundamentos teológicos do discernimento
comunitário? 21

Segunda pergunta
Quais são as expectativas legítimas do discernimento
comunitário? 43

Terceira pergunta
O que a comunidade não deve esperar? 55

Quarta pergunta
Qual é a relação entre autoridade e discernimento?
Qual é o papel do discernimento em uma comunidade
sob uma autoridade legítima e ativa? 77

Quinta pergunta
Que diretrizes práticas resultam
de nossas reflexões teológicas? 87

À guisa de conclusão 95

Leituras adicionais 97

Agradecimentos

O agradável dever do autor é agradecer a seus companheiros jesuítas, próximos e distantes, a Hans Christòffersen da Liturgical Press, por encorajar este projeto, a Dra. Josie Ryan, por sua preciosa ajuda na edição do texto, e a Sarah Reardon, por sua multifacetada ajuda na finalização do presente trabalho.

Introdução
Uma infinidade de problemas teóricos

Sondar os caminhos do Espírito é uma aventura fora do comum, um empreendimento ao mesmo tempo edificante e humilhante.

É uma aventura fora do comum porque é mais fácil olhar para fora do que para dentro. O Universo que nos rodeia prende nossa atenção com sua exibição de movimentos, sons e cores. Para encontrar os caminhos do Espírito, devemos nos voltar para a direção oposta: devemos penetrar no mundo do silêncio e do mistério. Uma vez lá, nos damos conta de novos sinais de vida que falam sobre a fonte de toda a vida.

Experimentar interiormente até mesmo manifestações fragmentárias do poder e da glória de Deus é um evento fascinante para qualquer ser humano; eleva a pessoa além de qualquer expectativa. É uma experiência de humilhação ou mortificação, contrária ao desejo humano natural. Revela fragmentos da grandeza e bondade de Deus e da nossa fragilidade e pobreza.

Palavras-chave para a compreensão

Discernimento. As raízes linguísticas da palavra vêm do latim *discerno*, que o *Oxford Latin Dictionary* traduz como "separar ou dividir" e "distinguir com a mente ou com os sentidos", indicando claramente que significa uma atividade e um processo ao mesmo tempo. O *Oxford English Dictionary and Thesaurus* define a palavra discernir como "perceber claramente com a mente ou os sentidos" e como "perceber pelo pensamento ou ao olhar e ouvir", ou seja, um tipo particular de atividade que pode consistir não apenas em cálculos formais, mas também em um olhar e um ouvir informais — um estado de consciência semelhante à contemplação passiva.

Consolação. O mesmo *Thesaurus* oferece uma abundância de sinônimos para o verbo consolar, representando uma variedade de nuances de significado, como confortar, apaziguar, acalmar, amenizar, consolar, estimular, tranquilizar, aliviar, animar, alegrar, agradar. Para os nossos propósitos, todos esses tipos de "consolação" podem ser resumidos pela definição escolástica tradicional de paz: *tranquillitas in ordine* — "um estado tranquilo de coisas" — porque a alma encontrou seu lugar de direito diante de Deus e entre seu povo.

Desolação. Para os nossos propósitos, seria suficiente dizer que significa qualquer movimento ou estado que se oponha à consolação e que destrua a ordem.

Integridade. É uma palavra raramente — ou nunca — mencionada em textos e palestras sobre discernimento. No entanto, o discernimento é cem por cento sobre integridade.

Não é um exercício lógico sobre como resolver uma equação matemática; não é a busca por um momento *Eureka!* relativo a um quebra-cabeça físico; não é um esforço para invocar alguns espíritos. Em nosso contexto religioso, o discernimento nada mais é do que nos colocarmos em um estado de prontidão para nos rendermos à verdade — ou em uma disposição para buscar o bem —, natural ou sobrenatural.

Questões Teóricas

No campo da teologia, nenhuma questão pode ser considerada isoladamente; cada uma está ligada a outras tão intimamente quanto os arcos de uma catedral gótica estão ligados entre si. Não podemos isolá-las para examiná-las separadamente. Cada uma delas não teria significado fora de seu lugar; além disso, sua remoção colocaria em perigo todo o edifício. A inocente pergunta: "O que é discernimento comunitário?" está relacionada a problemas significativos contra os quais os teólogos vêm lutando há séculos.

Alguns exemplos demonstram a veracidade desta afirmação.

• Normalmente descreveríamos discernimento comunitário como um método para encontrar a vontade de Deus mediante os movimentos da graça no ser interior dos participantes. Tal busca, entretanto, não tem explicação teológica, a menos que enfrentemos a questão muito mais ampla da relação entre os *dons divinos* e as *capacidades humanas*. Por um lado, nós, cristãos, somos filhos da luz com a capacidade de perceber a presença dos mistérios divinos e de receber a própria vida divina; por outro, somos criaturas com corpo mortal e limitações terrenas.

Podemos identificar os dons de Deus com alguma precisão? Somos capazes de dizer o que vem de nossos recursos? Se não podemos responder a essas perguntas com clareza e certeza, como podemos falar sobre como descobrir a mente e a vontade de Deus? Em suma: para saber até onde a comunidade pode chegar no processo de discernimento, devemos ter um bom entendimento da relação entre os dons de Deus e a capacidade dos seres humanos de recebê-los.

• Isso nos leva à questão similar da relação entre a graça de Deus e a liberdade humana. Depois que os dominicanos e jesuítas passaram séculos ludibriados em uma batalha infrutífera sobre o assunto, perceberam que o problema era bem mais misterioso do que parecia para qualquer um dos lados. Afinal, quem pode dizer até que ponto as boas ações de um cristão procedem da iniciativa divina ou quão profundamente elas têm sua origem na liberdade e na criatividade humanas? Para compreender o processo de discernimento, devemos saber mais sobre os respectivos papéis da graça e da liberdade.

• Se conhecêssemos a providência de Deus em todas as suas complexidades, seria mais fácil lidarmos com a prática do discernimento. Mas não temos esse conhecimento. A *vontade de Deus* é uma expressão complexa. Pode significar a vontade positiva e eficaz de Deus: ele faz o que quer, "Quem será capaz de resistir à sua vontade?" (Rm 9,19). Também pode significar sua vontade permissiva, que permite que o mal opere neste universo. Claro, ele não deseja nenhum mal, mas permite que suas criaturas livres se revoltem contra seus desígnios, "Pois Deus fez de todos prisioneiros da desobediência, para ter misericórdia para com todos" (Rm 11,32). Entre esses dois significados do termo *vontade de Deus* existem muitos outros. Em qualquer situação particular, as vontades positiva e permissiva podem estar presentes em combinações diferentes. Como alguém pode separar todas elas?

• Existe o problema de interpretar a *vontade presente de Deus* em relação a seu *projeto futuro*. Por um lado, existe a concepção ingênua de que Deus tem um projeto especial para nossas vidas em todos os pormenores e que podemos descobri-lo e torná-lo a norma de nossas ações. Por outro, existe a crença simplista de que Deus nos deixa completamente autônomos (como se fôssemos máquinas em uma fábrica) e que decidimos o curso das nossas vidas como bem entendemos. Na verdade, nosso Deus não é nem um planejador meticuloso e opressor nem um observador distante e frio. Ele é como um amigo muito amoroso que respeita nossa liberdade, mas também tem seus sonhos para o nosso futuro. Como fazer com que esses dois aspectos sejam conceitos harmoniosos entre si? Felizmente, bons cristãos que não conhecem nenhuma solução teórica para este problema conciliam sua criatividade com a fé na providência divina de forma harmoniosa para fundamentar suas decisões e têm a coragem de aceitar a responsabilidade por suas próprias ações. Eles encontram harmonia onde os sábios costumam falhar em seus raciocínios.

- Entretanto, não devemos temer o discernimento. Na Igreja de Corinto, Paulo encontrou *dons e carismas entre as pessoas comuns* que não eram diferentes dos cristãos de hoje. Portanto, uma boa comunidade cristã atual deve ter a sabedoria necessária para o discernimento! Especialmente se julgarmos os coríntios tanto por suas faltas quanto por suas graças, ambas amplamente descritas pelo apóstolo. Dons preciosos existiam naquela comunidade lado a lado com sérias deficiências. Os problemas no campo da teoria realmente são abundantes. As soluções são difíceis de encontrar, mas cada pergunta certeira é um passo em direção a um melhor conhecimento, mesmo que a resposta não seja evidente ou completa.

Felizmente, os dons do espírito não dependem de nossas reflexões abstratas. Eles nos são concedidos antes que possamos analisá-los e seus dons precedem nossos pensamentos. Nem as deliberações em nossas orações devem depender de respostas abstratas. Enquanto os teólogos procuram chegar a um entendimento conceitual, as comunidades que são uma só mente e um só coração devem continuar orando para descobrir como dar o próximo passo no serviço do Senhor. Nunca devemos adiar nosso louvor a Deus nem a obra pelo seu Reino em razão de o nosso conhecimento acadêmico ainda não estar devidamente articulado.

O Senhor disse: "Porque todo aquele que pede, recebe. O que procura, acha. A quem bate, se abrirá a porta" (Mt 7,8). *O discernimento comunitário é uma forma de pedir, buscar e bater à porta de alguém.* Seu método pode ser diferente de comunidade para comunidade, e dois discernimentos não são iguais porque os discernidores não são iguais. Deus respeita sua diversidade. A verdade transcendente é que, quando a comunidade se reúne em oração, Cristo está novamente com seus discípulos. *O melhor fruto de qualquer discernimento será sempre o reconhecimento da presença do Senhor Ressuscitado*, conforme foi revelado aos discípulos de Emaús: "Disseram um ao outro: 'Não é verdade que o nosso coração ardia, quando nos falava pelo caminho e nos explicava as Escrituras?'" (Lc 24,32).

* * *

A prática do discernimento no Espírito sempre esteve presente nas comunidades do povo de Deus — pertence à tradição judaico-cristã. Antigamente, Abraão "discerniu" que deveria seguir um chamado misterioso; recentemente, Jorge Bergoglio "discerniu" que, sob o nome de Francisco, deveria aceitar o mandato de pastorear o rebanho de Cristo.

Por essa razão, tudo o que é apresentado neste livro, embora se reconheça que seja fortemente inspirado por Santo Inácio, não pretende ser uma exegese literal de textos inacianos, muito menos uma interpretação autêntica de sua mente. Pretende ser nada mais nada menos que uma contribuição do século XXI para a "literatura sapiencial" cristã.

* * *

Cinco perguntas

Cada comunidade dentro da Igreja é um corpo organizado, que está vivo quando há uma interação dinâmica entre os seus membros. Deve haver um centro onde uma (ou várias) pessoa(s) revestida(s) de autoridade se posicione(m) e para quem os dados informativos fluam continuamente de todas as direções. A tarefa do centro é criar uma mente e um coração únicos na comunidade a partir da multiplicidade de ideias e desejos, em harmonia com as aspirações da Igreja universal. Essa unidade orgânica entre pessoas inteligentes não pode surgir se apenas aqueles com autoridade decidem todas as questões e clamam pela rendição incondicional e cega de todos os demais. Os que presidem devem responder com espírito de serviço aos desejos corretos e justos de todos.

Com a boa experiência que temos, é chegada a hora de formular a questão de forma mais explícita, especialmente do ponto de vista da investigação teológica: o que é discernimento comunitário? Este é o objetivo deste estudo. Por uma questão de clareza e ordem, ele se desdobra em torno de cinco perguntas específicas:

Primeira: quais são os *fundamentos teológicos* do discernimento comunitário?

Segunda: quais são as *expectativas legítimas* que o processo de discernimento pode cumprir?

Terceira: quais são as *expectativas equivocadas*?

Quarta: qual é a relação entre *autoridade* e *discernimento da comunidade*?

Quinta: que *diretrizes práticas* resultam de nossas considerações teológicas?

Ao explorar essas questões, reunimos nossas reflexões em torno de trinta e uma proposições.

Primeira pergunta
Quais são os fundamentos teológicos do discernimento comunitário?

O discernimento requer uma visão contemplativa

1. Em sua melhor e mais pura forma, o fruto do discernimento é a articulação de uma visão contemplativa da atuação da graça de Deus nas pessoas humanas.

Dizemos "em sua melhor e mais pura forma" porque temos de começar por aí. A totalidade é a chave para a compreensão dos fragmentos. A visão contemplativa significa conhecimento obtido não tanto pelo esforço e criatividade humanos, mas por meio da dádiva gratuita de Deus; inspiração semelhante aos "atos de compreensão íntima da verdade e do seu saborear" (*el sentir e gustar de las cosas internamente*) de que fala Santo Inácio em seus *Exercícios* (2). Nós descobrimos esse conhecimento experimentando paz, contentamento, alegria e encorajamento na presença de Deus. Esses sinais psicológicos certamente não são o resultado lógico de um processo de raciocínio. Em outros termos, mais bíblicos, o discernimento é o reconhecimento dos caminhos às vezes escandalosos ou loucos de Deus, "escândalo para os judeus e loucura para os pagãos" (1Cor 1,23), por meio da presença dos frutos do Espírito: "caridade, alegria, paz, paciência, gentileza, bondade, fidelidade, doçura, autodomínio" (Gl 5,22-23).

Neste processo, em sua melhor forma, há uma interação entre a inspiração de Deus e a exploração humana. Tomar consciência dessa interação entre estes dois polos é um requisito fundamental para o entendimento, e consequentemente para o uso correto de todo processo. De um lado há o mistério oculto de Deus, do outro, uma pessoa humana que o percebe.

Não é de se admirar que tal discernimento exija pessoas contemplativas versadas em encontrar a presença de Deus *por instinto*. A sensibilidade aos movimentos suaves da graça é uma condição indispensável. Sem ela, não há plenitude no discernimento.

Compreensão dos caminhos de Deus

2. Em seu sentido religioso mais amplo, o discernimento trata da resolução de questões espirituais. Para fazer isso a contento, os discernidores precisam ser bem qualificados: devem ser "prudentes como as serpentes e simples como as pombas" (Mt 10,16) e, é claro, devem estar sintonizados com o Espírito.

Se o discernimento é uma visão contemplativa dos próprios caminhos de Deus, seu uso principal deve ser direcionado para questões que não podemos resolver de outra forma, como por observação empírica e reflexão racional. Então, o discernimento é realmente necessário: "Vossos pensamentos não são os meus, e meus caminhos não são os vossos, oráculo de Javé. Alto é o céu, sobre a terra, altos os meus caminhos, acima dos vossos, e meus pensamentos acima dos vossos" (Is 55,8-9). Só Deus pode dar uma visão sobre seu próprio plano; só ele pode confirmar uma decisão que é fruto de uma atração do Pai: "Ninguém pode vir a mim se o Pai que me enviou não o atrair" (Jo 6,44).

Um exemplo inicial: O Concílio Apostólico de Jerusalém

3. O discernimento por uma comunidade de fiéis (também conhecido como "discernimento comunitário", distinto de um "discernimento individual") não é novo na Igreja. Uma leitura do relatório de Lucas sobre o Concílio Apostólico de Jerusalém revela seus elementos essenciais (At 15,1-35).

Os apóstolos convocaram o Concílio de Jerusalém para lidar com uma questão vital para a Igreja nascente: os gentios recém-batizados eram obrigados a observar a Lei de Moisés, incluindo a imposição da circuncisão? Em outras palavras, a salvação vem por meio da Lei e de suas práticas, como defendia o partido dos fariseus convertidos a Cristo, ou é concedida gratuitamente por meio do dom da fé em Cristo Ressuscitado, como afirmava Paulo?

O futuro da Igreja dependia dessa questão. Mero raciocínio e lógica não poderiam resolvê-la. Afinal, o Messias não veio para defender e aperfeiçoar a Lei (Mt 5,17)? No entanto, ele insistiu também que "o sábado foi feito para o homem" (Mc 2,27) e convidou todas as nações para o Reino. Entre esses testemunhos conflitantes, como os apóstolos poderiam decidir sem a luz do Espírito? Eles precisavam discernir o plano de Deus.

Os apóstolos se reuniram com alguns anciãos e discípulos. No núcleo do conjunto estava o pequeno grupo que orava junto no cenáculo quando o Espírito do Senhor foi derramado sobre eles. Sem dúvida, ao se reunirem para deliberar, se uniram em oração novamente como só eles poderiam fazer.

Lucas descreve como refletiram sobre o assunto. Curiosamente, não debateram muito sobre os méritos da questão. Falaram sobre o testemunho do Espírito Santo, que purificou o coração de muitos e operou sinais e maravilhas entre eles. O grupo dos fariseus aderiu à fé, depois Pedro, Barnabé e Paulo tiveram a sua vez e falaram. Houve silêncio na assembleia durante os discursos. "Toda a assembleia ficou em silêncio e escutou a Barnabé e Paulo relatarem todos os sinais e prodígios que Deus tinha feito entre os pagãos por meio deles" (At 15,12). Ouviram com a mente aberta. Estavam em busca de sabedoria.

Finalmente, Tiago propôs uma solução baseada nas palavras dos profetas, nos sinais dos tempos e em alguma sabedoria perspicaz. Ele optou por novos caminhos, mas não sem fazer algumas concessões às tradições mais antigas. "Julgo, por isso, que deixeis de molestar os que se convertem do paganismo para Deus. Basta lhes escrever que não se contaminem com a idolatria ou uniões ilegais, nem tampouco comendo sangue ou carne de animais estrangulados" (At 15,19-20).

A sabedoria de Tiago abriu caminho para um consenso. Os participantes formularam novas regras aprovadas por todos, incluindo palavras que mais tarde se tornariam familiares aos leitores dos documentos dos concílios ecumênicos. "Pois pareceu bem ao Espírito Santo e a nós" (At 15,28), *placuit Spiritui sancto et nobis*: uma proclamação de que esta decisão não era a conclusão lógica de um debate, mas sim uma descoberta concedida a eles pelo Espírito.

Os Atos relatam que, quando a carta foi comunicada à Igreja de Antioquia, "todos se alegraram com aquela mensagem animadora" (At 15,31). Havia paz na congregação. Os frutos do Espírito selaram a decisão.

Existe um precedente de autoridade suprema. Seguimos um caminho traçado pelos apóstolos. A Igreja tem praticado o "discernimento comunitário" sempre que homens e mulheres agraciados por Deus se reúnem e se propõem a buscar os pensamentos elevados e os caminhos do Senhor que ninguém pode conhecer sozinho, apenas por seus próprios esforços.

Desenvolvimentos posteriores: Concílios e grupos religiosos

4. Ao longo da história da Igreja houve exemplos marcantes de discernimento comunitário; os mais importantes ocorreram em concílios episcopais e sínodos, mas também ocor-

reram em comunidades religiosas, especialmente na época de sua fundação.

A comunidade dos bispos, reunida em concílios universais ou particulares, teve de discernir o significado da palavra de Deus. Eles estavam cientes de que seus cânones, decretos e "determinações" eram mais que o fruto de cálculos e conjecturas humanas: eram percepções de um mistério. Por causa dessa crença, os bispos puderam dizer com autenticidade: "Pareceu bem ao Espírito Santo e a nós" (At 15,28), *placuit Spiritui sancto et nobis*.

Além disso, é legítimo supor que o discernimento era um modo de vida nas primeiras comunidades monásticas no Oriente e no Ocidente. Originalmente os mosteiros abrigavam grupos fervorosos que procuravam encontrar os caminhos de Deus por meio da oração e penitência sob a liderança do abade. Sem dúvida, o "capítulo" monástico, com sua atmosfera de oração e discussões contidas, surgiu de um esforço comum para buscar e descobrir como seguir "o Caminho" que era Cristo. O capítulo evoluiu para um exercício regular de discernimento comunitário.

Nesta tradição duradoura deve ser inserida a prática do discernimento comunitário usado por Santo Inácio e seus primeiros companheiros. Eles não inventaram o discernimento comunitário, mas deixaram registros de sua prática.

Os primeiros padres da Companhia de Jesus

5. O processo pelo qual Santo Inácio e seus primeiros companheiros chegaram à decisão de constituir uma comunidade religiosa é um modelo de discernimento comunitário. Em suas Constituições, porém, ele não fez com que este fosse um instrumento ordinário de governança.

A história inicial dos jesuítas oferece um exemplo notável de discernimento comunitário. Um deles registrou o processo em um documento conhecido como *Deliberatio primorum Patrum*, "Deliberação dos Primeiros Padres".

Eles estavam bem-dispostos a entrar em um santo discernimento. Vivenciaram os *Exercícios* com todas as suas consolações divinas e desolações humanas. Inácio, abençoado com extraordinário intelecto e graças muito além de nossa compreensão, os guiou.

Enfrentaram uma questão única e importante relativa à graça divina e à prudência humana — importante não apenas para eles, mas também para a Igreja universal: deveriam formar um corpo orgânico permanente, uma ordem religiosa de fato, uma "corporação" legalmente estruturada, ou deveriam permanecer como eram, "companheiros de Jesus", mas sem vínculo jurídico? Se alguma vez uma questão exigiu discernimento pelos critérios dos *Exercícios*, por meio dos movimentos de consolações e desolações cheias de graça, este foi o momento. E estavam à altura da tarefa.

Depois de meses de oração e discussão, esses "sacerdotes peregrinos" decidiram formar uma ordem permanente, e assim nasceu a Companhia de Jesus. A história comprovou que eles foram visionários em matéria espiritual. Descobriram uma intenção divina mediante o processo de discernir a graça em seu meio.

No entanto, quando chegou a hora de redigir Constituições para a nova ordem, Inácio — como superior geral formalmente eleito — fez o que praticamente todos os fundadores haviam feito ao longo de mil anos e deu a seus companheiros um documento legalmente vinculativo repleto de procedimentos estruturados e com freios e contrapesos em todos os níveis.

Algumas questões históricas sobre os primeiros jesuítas

6. Para compreender o significado para o nosso tempo dos eventos descritos nos primeiros registros históricos da Companhia de Jesus sobre o discernimento, devemos interpretar os acontecimentos passados dentro de seu contexto histórico.

Para entender o que aconteceu, devemos pesquisar o que estes registros significavam no século XVI e não projetar neles nossas próprias ideias modernas. Para tirar conclusões práticas para o nosso tempo, devemos passar por um processo de crítica histórica. Qualquer desvio desta regra básica leva à distorção de nosso conhecimento da história e da solidez da prática atual.

Contudo, essa reconstrução histórica não pode ocorrer aqui. Isso exigiria um estudo completo e abrangente. No entanto, uma questão pode e deve ser levantada aqui e agora para nos conscientizar corretamente das dimensões históricas dos problemas. A *Deliberação* foi "discernimento comunitário" ou foi uma conversão suave do grupo à visão há muito acalentada por Inácio? Até que ponto Inácio inspirou o grupo?

Para compreender a natureza dessa deliberação dos dez companheiros, devemos nos perguntar até que ponto a decisão do pequeno grupo de formar uma ordem religiosa no sentido clássico emergiu dele mesmo e até que ponto Inácio os converteu à sua própria visão. Todos eles, Inácio incluso, começaram sua deliberação no mesmo estado de ignorância, dúvida e desapego, ou algum deles (Inácio) tinha uma visão extraordinária que o ajudou a iluminar seus companheiros durante a deliberação e a elevar suas mentes e corações para o conhecimento interno e a aspiração que ele possuía? Se a decisão final emergiu totalmente do grupo, sua deliberação deve ser descrita como um processo verdadeiramente criativo no qual cada um desempenhou um papel, e o desempenhou igualmente, ainda que nem todos tivessem dado sua contribuição. Entretanto, se Inácio entrou no processo com um propósito e com uma garantia gentil e serena de que Deus queria que ele fosse um instrumento para iluminar seus companheiros, então a decisão se originou mais em uma pessoa do que em muitas. Na primeira hipótese, todos teriam contribuído mais ou menos igualmente para o processo. Na segunda, o grupo teria se apropriado gradativamente da visão de seu líder.

Toda uma série de eventos na vida de Inácio indica um desejo crescente de reunir companheiros ao seu redor e formar um grupo permanentemente unido a serviço da Igreja. Sua dolorosa busca por companheiros, marcada primeiro por fracassos e mais tarde por sucessos eminentes, tinha toda a dinâmica para organizar um grupo que permaneceria unido. Supor que Inácio entrou nesse processo de deliberação em um estado de indiferença absoluta sobre seu resultado e sem interesse na unidade permanente do grupo é ignorar a história e a dinâmica de sua vida após sua conversão em 1521. Faz um bom sentido histórico pressupor que a *Deliberação* não foi um discernimento "comunitário" em seu sentido pleno.

Na verdade, o próprio Inácio mostrou discrição ao sugerir qualquer processo de discernimento futuro. Nas *Constituições* (694-718), ele estabelece regras detalhadas para a eleição de um superior geral e para a realização de negócios em uma congregação geral. Em nenhum dos casos o padrão da "deliberação" é referido, muito menos imposto. Eles devem aceitar uma inspiração repentina e evidente do Espírito Santo para uma eleição e podem tomar decisões por aclamação, ou seja, por uma aceitação comum de um poderoso movimento do Espírito. No entanto, normalmente deveriam realizar eleições e tomar decisões mediante uma prosaica contagem de votos. Nunca em sua história os jesuítas elegeram um superior geral por aclamação unânime.

Nos *Exercícios*, Santo Inácio dá instruções para o discernimento realizado por indivíduos. Surge a questão: como as comunidades devem aplicar essas regras a um grupo?

A transferência das "Regras para o Discernimento dos Espíritos" (*Exercícios*, 313-336), concebidas para a direção espiritual individual, é um processo complexo em situações comunitárias. Cada pessoa permanece única, mesmo quando é membro de uma comunidade; no entanto, a comunidade é una por meio de um vínculo que transcende as diferenças individuais. Cada pessoa deve receber o respeito que é devido a um filho inteligente e livre de Deus, mas o senso comum e a vontade comum do grupo devem ser levados em consideração. Equilíbrios delicados são necessários para satisfazer as demandas de ambos os lados e para trazer a harmonia desejada entre os dois. Esses equilíbrios não podem ser fixados por medidas permanentes e estáticas; eles devem mudar e se alterar, trazendo à tona a singularidade da pessoa em um momento, o senso e o coração comum em outro momento.

Como as comunidades devem realizar essa adaptação? A resposta pode ser mais fácil na prática do que na teoria. A menos que sejamos capazes de formular diretrizes baseadas em teologia sólida, mais cedo ou mais tarde algumas comunidades serão enganadas por uma combinação de boa vontade e ignorância teológica. Se não alcançarmos o equilíbrio certo, ou a pessoa sofrerá ou o desequilíbrio destruirá o espírito comum.

Todas essas questões exigem investigação crítica em profundidade, mas isso não significa que, enquanto o trabalho de investigação histórica e teológica continua, o discernimento comunitário deve parar. Já surgiram percepções válidas suficientes para guiar homens e mulheres sábios em busca de progresso no serviço de Deus, desde que estejam conscientes de que ainda há muito a aprender. Para alcançar a sabedoria é preciso prudência.

Discernimento em nossos dias

7. O discernimento comunitário pode ser usado por gigantes espirituais menos dotados do que Santo Inácio e para resolver questões mais modestas do que a fundação de uma nova ordem religiosa, desde que do começo ao fim os membros do grupo estejam cientes de suas limitações.

Dois princípios estão implícitos nesta declaração, ambos bastante óbvios. Diz-se que quanto mais distante uma pessoa está da visão contemplativa, menos deveria presumir que é capaz de descobrir com segurança o movimento da graça em uma comunidade. A outra nos diz que não devemos esperar por nenhuma iluminação extraordinária do Espírito quando o uso comum da inteligência humana auxiliada pela graça é suficiente para decidir uma questão. Ou seja, o discernimento comunitário será um instrumento de progresso para pessoas humildes que conhecem seus próprios limites. Para outros, será um transporte rápido para um mundo de sonho cheio de ilusões. Vejamos mais de perto, portanto, como é o discernimento sobre uma questão terrena em uma comunidade habitual.

Esse discernimento é comumente entendido como um método para se chegar a uma decisão por meio de um padrão de reflexões orantes para as quais todos contribuem. O processo pode ser complexo. Seu resultado é mais que a soma de julgamentos ou decisões individuais; o fruto é produzido por todos. O método requer o compartilhamento de todos os dados e percepções disponíveis sobre os fatos conhecidos, o exame crítico das opiniões e finalmente a tomada de uma decisão. Ainda inclui um alerta aos movimentos da graça em cada pessoa ao longo de todo o processo. Existe uma interação entre os membros; a comunidade pensa, fala e atua como um corpo orgânico em que cada pessoa tem um papel único a desempenhar.

A compreensão correta dessa "comunhão" em ação encontra-se entre duas concepções extremas. Uma exalta a unidade da comunidade a ponto de destruir o respeito pelas pessoas enquanto indivíduos, ao passo que a outra enfatiza as diferenças individuais de tal modo que o conceito de comunidade desaparece no processo. Ambas estão erradas, pois a verdade está no meio-termo: todos os seres humanos são pessoas que encontram sua realização em uma comunidade. Ser uma pessoa significa possuir o grau máximo de dignidade nesta criação. As pessoas inteligentes e livres têm o direito de se desenvolver de acordo com sua própria luz interna e em seu próprio ritmo. Em última análise, todos os dados e todas as informações são recebidos por mentes individuais, todos os *insights* que trazem significado para elas são gerados pela inteligência individual, todos os julgamentos que declaram a verdade são feitos individualmente e todas as decisões, boas ou más, surgem de fontes individuais. Cada pessoa permanece autônoma durante o processo de discernimento comunitário.

No entanto, nenhuma pessoa existe sozinha; todas elas devem ser integradas a uma comunidade. A integração é mais que uma associação frouxa entre muitos. Cada indivíduo retém sua própria personalidade, enriquecida pela de todos os outros em uma nova unidade. A informação acumulada por cada um torna-se propriedade de todos; visões sobre os fatos são compartilhadas, julgamentos são construídos por meio de ajuda mútua, e finalmente opções são escolhidas inspiradas por um ideal comum.

A primazia do indivíduo deve ser afirmada mesmo em uma comunidade; caso contrário, a mais alta dignidade da criação seria diminuída e seus dons diluídos em algum tipo de coletividade. Em nenhuma situação qualquer pessoa deve renunciar ao uso de sua própria inteligência e liberdade. Contudo, aqueles que formam uma comunidade podem fazer muito para melhorar mutuamente o funcionamento da inteligência e da liberdade de cada pessoa, até o ponto em que todos alcançam um horizonte mais amplo e um ponto de vista mais elevado e chegam à mesma decisão, ou seja, tornam-se uma só mente e um só coração. Essa unidade é ainda mais possível quando todos tomam como inspiração uma fonte comum — o Evangelho conforme professado pela Igreja — e quando assistidos pela mesma força misteriosa que só o Espírito de Deus é capaz de lhes dar.

O discernimento comunitário só pode ser frutífero quando se respeita a integridade de cada pessoa. A comunidade nunca pode suprimir a inteligência e a liberdade de seus membros, mas pode fazer muito para orientá-los a evitar julgamentos falsos e decisões erradas geradas por mentes tendenciosas. A comunidade pode criar um clima de oração para garantir que a graça e a sabedoria prevaleçam sobre a atração dos preconceitos e interesses egoístas. Além disso, existe a ação misteriosa do Espírito que pode ajudar em direção a uma visão comunitária e que pode fortalecer o grupo para uma ação concertada.

Indivíduos que são incapazes de fazer julgamentos autônomos e tomar decisões de modo independente, aqueles que flutuam ao sabor de cada vento que sopra na comunidade, não estão aptos a dar uma contribuição valiosa para um julgamento sólido e uma decisão bem fundamentada, uma vez que nada têm com que contribuir.

Conclui-se que o discernimento comunitário é para pessoas fortes. Elas devem passar por preparação, reflexão e consideração fervorosa completas, como se tivessem de decidir cada questão sozinhas. Se a maioria for fraca ou mal preparada, o discernimento pode terminar com os desorientados levando os outros para as trevas. Consequentemente, não há discernimento comunitário, mas a imposição de alguns poucos que levam todos os demais a reboque.

Uma tarefa nada fácil

8. O discernimento comunitário sobre assuntos terrenos deve ser um processo crítico por meio do qual a comunidade tenta apropriar-se do melhor *insight* existente entre seus membros e o tornar o julgamento da própria comunidade.

A comunidade em processo de discernimento deve estar ciente da dura realidade de que nenhum *insight* é o mais profundo e nenhum julgamento é o melhor apenas porque muitos o expressam. O número de pessoas que apoiam uma opinião não é garantia de sua qualidade. No entanto, muitos pares de olhos podem ver mais do que um. Aqueles que participam dessa busca podem reunir suas informações e ajudar uns aos outros no movimento que produz julgamentos e decisões bem fundamentados.

O ideal é que sempre o melhor julgamento prevaleça. O discernimento comunitário sabotaria seu próprio propósito se os *insights* criativos e os julgamentos bem fundamentados fossem diluídos em um denominador comum aceitável para todos. Conclui-se que a dinâmica interna de tais deliberações deve ser um processo crítico para os *insights* mais penetrantes e para as decisões mais prudentes que podem surgir do grupo. Tarefa nada fácil!

É particularmente importante enfatizar esta tese em grupos de religiosos e religiosas. A história das comunidades religiosas mostra o quanto a visão e determinação de uma pessoa foi capaz de inspirar um novo movimento e levou muitas outras a uma vida intensamente dedicada que de outra forma não poderia ter ocorrido. Bastaria citar nomes como os de Bento, Francisco, Domingos, Inácio, Teresa d'Ávila, João da Cruz, Francisco de Sales, Vicente de Paula, Teresa de Calcutá e tantos outros. Não há evidência histórica que comprove que sem eles um grande grupo de seguidores poderia ter produzido os mesmos *insights* e ter demonstrado a mesma determinação desses homens e mulheres.

Hoje em dia há uma tendência disseminada em muitos campos, da política à religião, que parece acreditar que a justeza de um julgamento ou de uma decisão depende mais de sua popularidade do que dos motivos que os sustentam. Qualquer pessoa para quem a história é a "mestra da vida", *magistra vitae*, sabe que os melhores *insights* nunca vêm facilmente, que julgamentos bem fundamentados são uma mercadoria rara e que a dedicação total a uma boa causa é um dom especial concedido a poucos.

A Luz de Deus e a Fraqueza da Humanidade

9. Normalmente o discernimento comunitário é um processo dinâmico no qual a luz e a força do Espírito de Deus e a visão turva da humanidade desempenham cada um seu papel. Nele, uma comunidade pecaminosa forma um julgamento ou toma uma decisão na presença luminosa de Deus. Assim, o resultado final provavelmente será uma mistura de inspiração vinda do alto e inteligência humana vinda de baixo.

Em nosso mundo real, essa mistura de elementos contrastantes é a chave para avaliar o valor do discernimento comunitário. Por meio dela, a comunidade se encontra com Deus em um ambiente cheio de graça, e dá um passo à frente no serviço do Senhor. Os contrastes devem estar presentes e são manifestações tanto de nossa intenção divina quanto de nossa condição humana. Além disso, os membros do grupo se encontram em vários estágios de seu desenvolvimento humano e cristão. As pessoas não recebem os dons de sabedoria e inteligência da noite para o dia; diferenças de perspectiva, compreensão e maturidade continuam a existir.

Essas diferenças desempenham seu papel em todo o processo de discernimento. Embora possamos publicar informações sobre dados, nem todos os participantes podem compreendê-los com a mesma amplitude e profundidade. A comunicação de um *insight* é mais difícil. Pistas podem ser dadas, mas a luz que traz a compreensão deve vir de dentro e deve ser gerada pela inteligência da pessoa, *intellectus agens*. Ninguém pode substituir outra pessoa. Pessoas escravizadas por preconceitos devem se curar por dentro. Os apegos desordenados só podem ser quebrados libertando o espírito — novamente de dentro para fora. Uma pessoa pode receber uma ajuda poderosa, mas no final das contas ele ou ela é o agente moral que deve atuar.

As técnicas de discernimento, como o enfoque de todos os participantes primeiro em um lado da questão e depois no outro, concentram-se no equilíbrio correto entre as várias contribuições no decorrer do processo. No entanto, nenhuma técnica pode superar todas as diferenças que decorrem da distinção entre as pessoas. Aconteça o que acontecer, ao longo do processo o indivíduo deve permanecer inteiramente fiel ao seu próprio ser. Cair sob o feitiço de algum fascínio ou ser vítima de alguma pressão para evitar uma nota discordante é cair em uma situação ainda mais perigosa, porque essa última terá apenas a aparência de harmonia.

A descoberta de um dom — a criação de uma decisão

10. Em um determinado caso, a expectativa adequada dos discernidores pode ser uma luz como um dom da graça ou um julgamento bem fundamentado produzido pela inteligência crítica — ou uma combinação de ambos.

Há uma diferença entre um conhecimento que só Deus pode dar (visto que transcende nossa capacidade mesmo em nossa condição de graça) e um conhecimento que podemos alcançar (visto que está dentro da capacidade de nossa própria inteligência, aquecida e fortalecida pela graça de Deus). Alguns exemplos ajudarão a esclarecer essa distinção.

Nenhuma quantidade de raciocínio por parte dos apóstolos e anciãos poderia tê-los levado a uma certeza absoluta sobre a dispensa das leis judaicas para os convertidos do paganismo; os líderes da Igreja nascente precisavam de uma garantia do Espírito. Depois de receberem esse presente de cima, eles tiveram de confiar na capacidade de sua inteligência para tomar muitas decisões sobre o desenvolvimento de questões organizacionais e operacionais de interesse.

Se seguir os conselhos evangélicos é um dom de Deus, ninguém, a não ser o Espírito Santo, pode chamar uma pessoa para tal estilo de vida ou inspirar um grupo a formar uma nova ordem religiosa. A luz que leva a esse novo estado de vida deve ser descoberta. Neste caso, o processo de discernimento deve ser um caminho para a descoberta.

Os membros de uma comunidade já constituída podem iniciar planos para a abertura de uma nova escola. Eles precisam considerar muitas coisas: o bem dos alunos, dos pais e de uma paróquia em particular. Usando sua inteligência natural infundida pela graça, devem ser capazes de decidir por si mesmos. Esperar que o Espírito intervenha por meio de um ato singular de revelação (por exemplo, a escola deve ser mista ou não?) seria tentar a Deus. A partir de seus próprios recursos de prudência e bom senso, a comunidade deve ser capaz de fazer uma escolha.

Outra imagem pode nos ajudar a esclarecer melhor a distinção. Quando o objeto de discernimento é uma nova luz que a mente humana só pode receber, a pessoa que a recebeu deve prostrar-se diante de Deus em jejum e oração, pronta para aprender do alto o que não pode saber por si mesma (por exemplo, se alguém tem vocação para ser monge ou freira). Porém, quando o objeto de discernimento é uma decisão sobre coisas humanas, o curso de ação correto é usar todos os recursos humanos disponíveis para se chegar a um resultado sensato.

A linha entre um puro dom de Deus e um produto da inteligência humana não deve ser indefinida, pois dá a chave para a compreensão do chamado de Abrão, de Moisés e de tantos outros profetas do Antigo Testamento. Permite explicar, sem diluir, as palavras de Jesus aos apóstolos: "Não fostes vós que me escolhestes, mas eu vos escolhi" (Jo 15,16). Sempre existiu na Igreja uma forte convicção de que Francisco de Assis recebeu de Deus uma missão específica que nenhuma meditação e reflexão poderiam lhe ter revelado: "Constrói a minha igreja". Puro dom.

Essa distinção é de fundamental importância, porque a natureza de uma questão deve determinar sua abordagem. No caso de um dom divino, deve ser uma humilde súplica e a espera do tempo de Deus revelar seus pensamentos, como Inácio tão sabiamente orienta na questão da eleição nos *Exercícios*:

> Durante os Exercícios Espirituais, mais conveniente e muito melhor é que, procurando a vontade divina, que o mesmo Criador e Senhor se comunique à pessoa espiritual, abraçando-a em seu amor e louvor e dispondo-a para o caminho em que melhor o poderá servir depois.
> (*Exercícios*, 15)

No caso de um produto humano, devemos tomar uma decisão com os dons comuns da natureza e da graça, sabendo que, seja qual for a decisão, Deus não deixará de apoiar seus filhos *até mesmo a ponto de extrair o bem de nossos erros.*

Segunda pergunta
Quais são as expectativas legítimas do discernimento comunitário?

Para determinar as expectativas legítimas do discernimento comunitário, duas outras questões devem ser levantadas: (1) O que uma comunidade com intenção de discernimento pode esperar do Senhor? (2) O que a comunidade pode alcançar com seu próprio esforço?

A primeira pergunta indica que existem dons que nenhum ser humano pode conquistar pela força; eles são concedidos apenas por meio da bondade do Senhor. O segundo implica que há decisões que um cristão, iluminado pela fé, fortalecido pela esperança e movido pelo amor, pode tomar.

A Presença do Senhor Ressuscitado

11. Acima de tudo, sempre que uma comunidade se reúne para discernir, deve estar atenta à promessa do Senhor: "Porque, onde estão dois ou três reunidos em meu nome, eu estou lá entre eles" (Mt 18,20). A própria reunião sinaliza e traz a presença divina, criando um ambiente sacramental.

É legítimo esperar a presença ativa do Senhor entre aqueles que se reúnem em seu nome. Ele mesmo prometeu:

> Eu vos repito: se dois dentre vós na terra se puserem de acordo para pedir seja qual for a coisa, esta lhes será concedida por meu Pai que está nos céus. Porque, onde estão dois ou três reunidos em meu nome, eu estou lá entre eles. (Mt 18,19-20)

O sucesso desta oração, é claro, pressupõe uma comunidade que vive pela fé, esperança e amor, e que não é governada por uma paixão descontrolada.

Quando a comunidade se reúne, o Senhor está com ela. Sua presença é dinâmica, ou seja, purificadora e atenta à missão para o bem de seu Reino.

A presença do Senhor é silenciosa e vigorosa. Não opera maravilhas e milagres da noite para o dia, mas dá sabedoria e força a seus membros. Não precisamos experimentar isso com nossos sentidos, mas devemos entender que "Jesus é o Senhor".

De fato, reunir-se para o discernimento comunitário pode levar a uma nova consciência do Senhor. A concentração fervorosa em busca de sua vontade pode não trazer uma resposta precisa a uma questão determinada pela comunidade, mas fortalece nossa vontade em servi-lo. É uma presença redentora, um dom muito maior do que uma resposta específica a um problema específico.

Quando consideramos que o futuro de uma comunidade religiosa pode muito bem depender de suas profundezas contemplativas, uma consciência coletiva recém-descoberta da presença do Senhor pode ser o início de um entusiasmo renovado para viver.

A graça da cura

12. A dialética entre a oração e a reflexão pode levar à descoberta de novas graças, mesmo inesperadamente, e em todo caso tem um efeito curativo para a comunidade.

Na verdade, quando todos na comunidade deixam suas preocupações de lado e se concentram em buscar e encontrar a vontade de Deus, existe uma convergência de intenções e o início de um movimento em uma direção comum, que é a da libertação de projetos privados e egoístas. É um passo significativo para a criação de uma unidade de mentes e corações.

Quando oração e reflexão se unem, afirmamos e restauramos a integridade de nossa natureza. Pela graça, nosso ser está enraizado em Deus; por meio da reflexão inteligente, nossa humanidade se desenvolve. Tornamo-nos completos. Não poderíamos estar mais bem preparados para uma decisão sábia. Mesmo o objeto da investigação pode se tornar secundário quando descobrimos com alegria um novo equilíbrio em nosso ser e em nossa união.

Os resultados podem nos surpreender. Podemos descobrir que Deus tinha novas percepções e novos propósitos reservados para nós. Tal evento, no entanto, é excepcional. Nossa expectativa deve ser modesta: a mera presença de Deus na descoberta do ritmo ordinário de nossas vidas.

Maior Prudência e Sabedoria em uma Comunidade

13. A partilha do conhecimento de fatos perturbadores, de avaliações prudentes de acontecimentos críticos e de propostas

sólidas e generosas para o futuro deve beneficiar a todos e elevá-los a um nível superior de compreensão.

Um processo de discernimento comunitário bem administrado pode trazer o desenvolvimento intenso de uma visão comum e uma unidade de propósitos, desde que cada pessoa que participe dela esteja pronta para dar o que tem e para aceitar o que os outros oferecem. Por meio dessas trocas, cada um tem a oportunidade de ter acesso a pontos de vista mais elevados e a uma inteligência mais penetrante. Para cada um e todos, o discernimento torna-se um processo de enriquecimento e libertação.

O discernimento na comunidade deve ser um processo de construção e de libertação. As informações disponíveis precisam de um exame crítico para se tornarem evidências válidas. Devemos descartar fatos não comprovados e completar dados incompletos. Os *insights* devem vir de muitas direções e a comunidade deve ajustá-los aos fatos com a maior precisão possível, porque caso contrário levam a fantasias. Alguns *insights* devem ser podados, porque vão além das evidências, ao passo que outros devem ser estendidos por não levarem em consideração todas as evidências disponíveis. Por fim, a comunidade deve enfrentar a realidade fazendo um juízo firme sobre a validade de cada opção; é assim que construímos unidade de mentes e corações. Cada um deve dar sua própria contribuição e ser contido o suficiente para permitir que os outros também contribuam. Isso significa construir com precisão, progredindo continuamente para encontrar a medida certa entre os dois extremos do desempenho inferior e do alcance exagerado.

Ter um desempenho inferior significa fazer vista grossa para a complexidade do presente e ignorar as consequências futuras. É uma fuga de toda a realidade e, portanto, desastrosa. Exagerar é interpretar além do que é garantido pelas evidências e é outra forma de trair a verdade. Teorias que vão além das evidências levam a comunidade a um mundo de fantasia. Ninguém poderá ficar lá por muito tempo; os castelos dos sonhos estão condenados ao colapso. O perigo pode vir tanto de participantes que são "otimistas comprometidos" quanto daqueles que são "pessimistas dedicados". Os primeiros tendem a olhar apenas para o lado positivo do problema, e os últimos concentram-se apenas em seu lado negativo. Ambos não querem se render à verdade como ela é ou enfrentar a totalidade libertadora da realidade dada, pois preferem uma construção artificial. Essa é uma espécie de prisão da mente.

A deliberação fervorosa é um processo de libertação. Cada um ajuda os demais a progredir da ignorância para a percepção dos fatos, dos preconceitos para os melhores julgamentos, da hesitação para as decisões. A ascensão para a sabedoria também é a ascensão para a liberdade.

Tal atividade libertadora, mesmo quando concentrada em uma única questão, normalmente requer muito mais do que a consideração honesta e fervorosa dos argumentos apenas a favor ou contra um determinado curso de ação. A consideração dialética dos opostos pode certamente ajudar, especialmente no início, mas também precisa de uma contribuição ativa. Ao construirmos uma casa, a força e a beleza da construção vêm da cooperação de todos: arquitetos, engenheiros, decoradores e outros. Da mesma forma, a construção de uma decisão sábia requer a combinação cuidadosa de todos os recursos apropriados.

A qualidade do fruto depende da qualidade da árvore

14. O potencial de uma pessoa ou de um grupo é um bom indício de quão longe eles têm probabilidade de progredir por meio do discernimento.

O potencial de uma pessoa ou de uma comunidade é limitado. Assim como uma árvore não pode dar frutos além de sua capacidade, a pessoa humana não pode exceder a capacidade de sua graça e natureza. O potencial de um grupo também é sempre limitado, não obstante a presença do Senhor Ressuscitado. O máximo que seus membros podem esperar é que eles alcancem o melhor julgamento e a decisão mais sábia dentro de sua capacidade. Esses frutos requerem a conversão de toda a comunidade ao melhor *insight* e desejo encontrados no grupo — o que é uma conquista nada fácil! Todos precisam progredir lentamente em direção a percepções mais profundas e opções mais prudentes. Esse é o problema! Conversões massivas de grupos raramente acontecem e ninguém deve tentar forçá-las.

No entanto, seria demais esperar que no curso do discernimento comunitário o melhor julgamento sempre prevalecesse. Nossa história de salvação mostra abundantemente que, quando os profetas proclamam uma mensagem de Deus, muitas vezes permanecem como uma voz clamando no deserto. A comunidade demora a entender sua mensagem e às vezes é hostil a ela. Os verdadeiros profetas nunca se autodenominam como tais e em sua maioria são pessoas solitárias, mais apreciadas pela posteridade do que pelos contemporâneos. Como o fruto de um discernimento comunitário raramente é o surgimento do que há de melhor no grupo, conclui-se que a expectativa legítima deve ser o padrão que a maioria dos membros pode alcançar e compreender. Uma realização modesta, talvez, mas real. Não devemos ficar desapontados. Se observarmos um grupo de corredores, não é realista esperar que todos acompanhem o mais rápido e atinjam a meta ao mesmo tempo; o desempenho do grupo será menor do que o do mais veloz. Se todos querem se manter juntos, o corredor mais rápido deve diminuir a velocidade. Nesse caso, sua conquista comum não será uma velocidade recorde, mas sim o fato de chegarem juntos, permanecendo próximos uns dos outros.

É certo que essa analogia material não faz justiça a uma situação espiritual. No entanto, isso nos ajuda a entender um ponto preciso: não é razoável esperar que julgamentos objetivamente corretos, mas complexos, e decisões objetivamente prudentes, mas difíceis, sempre obterão consenso. Muitos na comunidade podem não ter a capacidade ou disposição para compreender a complexidade do problema ou podem não ter força suficiente para enfrentar uma opção necessariamente difícil. Na verdade, Deus pode não querer que eles façam isso aqui e agora. Ele é o Deus de paciência e tolerância. Sua pedagogia ao longo do tempo da Antiga e da Nova Aliança tem sido a de inserir seu povo passo a passo na plenitude da verdade e do amor.

Em suma, os julgamentos e decisões ao final do discernimento comunitário apresentarão limitações humanas.

Isso não significa negar a realidade e o valor da presença de Cristo. A despeito das limitações inerentes à comunidade, ela é eficaz. Traz luz e força para a comunidade, mas da maneira do Senhor. Ajuda os peregrinos a progredir em sua jornada, mas não implica na promessa de que em nenhum momento darão um passo em falso.

Não sabemos com precisão como a presença do Senhor opera, mas sabemos pela fé que ela traz uma ajuda misteriosa e poderosa para aqueles que estão reunidos em seu nome.

Um passo adiante no serviço ao Senhor

15. A expectativa mais bem calculada é a de que, por meio do discernimento, a comunidade dê um passo adiante no serviço ao Senhor.

Uma comunidade cristã é o povo peregrino de Deus. Ele o conduz por voltas e voltas em direção à Terra Prometida. Sua peregrinação pode incluir eventos análogos aos narrados na Bíblia: a fuga do Egito, a caminhada apressada pelo Mar Vermelho, a perambulação confusa e aparentemente sem rumo no deserto, a conquista perigosa de seu novo lar contra uma resistência feroz e finalmente o trabalho diário de semear, plantar vinhas, debulhar o trigo e pisar uvas. Não menos que a antiga, nossa peregrinação moderna é uma viagem ao desconhecido entre muitas incertezas e requer muita paciência! Deus tem seus próprios caminhos e ninguém pode forçá-lo a agir. O discernimento comunitário não pretende revelar o futuro. Cristo não fez tal promessa a seus discípulos.

Em vez disso, ressaltou que a vida daqueles que ele envia para proclamar a Boa-nova será cheia de incertezas. Eles devem estar preparados para ficar tão indefesos quanto ovelhas entre lobos. Mesmo que algumas pessoas boas abram suas casas e lhes ofereçam hospitalidade, outras não o farão. Eles podem ser insultados, atacados e expulsos da localidade e sua vida pode estar em perigo. Ao longo de sua jornada perigosa, eles não serão capazes de vislumbrar o futuro previsto para eles. A garantia dada a eles promete nada mais nada menos que o cuidado e proteção contínuos de Deus.

Consequentemente, o discernimento comunitário não é um meio para se prever o futuro. Tem um propósito diferente: ajuda a comunidade a tomar consciência do próximo passo e dá-lhe força para colocá-lo em prática — seja pelo deserto, na batalha ou no cumprimento do mandato de levar as Boas-novas a todas as pessoas. Podemos descrever corretamente a descoberta deste próximo passo, por mais limitado que seja, como a descoberta da vontade de Deus.

"Vontade de Deus" — o que isso significa?

16. A expressão "vontade de Deus" carrega muitos significados, numerosos o suficiente para pegar os incautos.

Uma tentativa de analisar o que "vontade de Deus" significa imediatamente lembra distinções sutis entre a vontade positiva de Deus e sua vontade permissiva. Lembra também disputas amargas entre dominicanos e jesuítas, que ficaram tanto tempo presos à pergunta errada sobre a iniciativa divina e a liberdade humana. Animosidades do passado devem nos advertir do perigo de cairmos novamente em uma armadilha semelhante. Muitas pessoas santas não tinham ou não precisavam de um conceito cientificamente elaborado para buscar e encontrar a vontade de Deus. Seu progresso não dependia de teologia sofisticada.

No entanto, algumas armadilhas devem ser conhecidas; afinal, não dispomos do instinto seguro dos santos. Portanto, algum esclarecimento da ideia do que seja a "vontade de Deus" é necessário.

Um erro seria presumir que temos de descobrir um plano preciso, um projeto traçado por Deus para cada movimento em nossa vida. Não, sua providência não funciona dessa forma. Os pormenores de um plano de alguma forma emergem de nossos próprios recursos de natureza e graça. Deus sela-os, fazendo com que todos os eventos trabalhem para o bem daqueles que o amam. "Sabemos que todas as coisas concorrem para o bem dos que amam a Deus, dos que são chamados de acordo com a sua vontade" (Rm 8,28).

Outro erro seria presumir que Deus não tem absolutamente nenhum plano para nós. Ele seria como um pai que, quando os filhos atingem a idade adulta, lhes diz: "Sigam o seu próprio caminho, nada tenho a dizer. Vocês deverão prover o seu próprio sustento". Essa analogia está errada. Deus é um bom pai que ao longo de nossa vida tem um plano para nós. Ele o revela gradualmente, nos chama a segui-lo por meio de inspirações suaves e de duros despertares, por meio de tudo o que nos afeta interna e externamente.

Entre esses dois extremos, devemos encontrar nosso caminho. Por um lado, devemos tomar uma decisão após deliberações inteligentes e cheias de graça. Por outro lado, temos de esperar pela luz e pela força que não podemos controlar por nós mesmos. É verdade que há algo de novo em ambos os casos. Porém em um deles o fruto vem dos potenciais ordinários da árvore; no outro, a intervenção de Deus produz o fruto que a árvore não poderia dar.

Para concluir, é legítimo esperar que, por meio do discernimento, a comunidade encontre a vontade de Deus, desde que se entenda que, de um ponto de vista pragmático, isso significa simplesmente o próximo passo de um grupo de peregrinos a serviço do Senhor.

Terceira pergunta
O que a comunidade não deve esperar?

Respeito pela liberdade de Deus

17. Nenhuma comunidade tem o direito de pôr Deus *à prova tentando* forçá-lo a conceder a seus membros algum dom extraordinário (por exemplo, revelação privada, mandato de profecia etc.). Tal tentativa estaria beirando a prática da magia.

Se a dinâmica do discernimento é direcionada para a descoberta de uma graça que Deus oferece à comunidade, deve haver alguma inspiração prévia de Deus para colocá-la nessa busca. A instrução que recebemos do Senhor para a oração se aplica também ao discernimento:

> Eu vos declaro: se pedirdes alguma coisa a meu Pai em meu nome, ele vos dará. Até agora não pedistes nada em meu nome. Pedi e recebereis, para que vossa alegria seja perfeita. (Jo 16,23-24)

Tal oração é ainda mais poderosa do que aquela que pode mover uma montanha, pois em todo o caso traz uma resposta do Pai de todos. Os intérpretes das Escrituras concordam que o Espírito do Senhor deve inspirar tal oração de súplica em primeiro lugar; caso contrário, a promessa não é válida. Deve ser uma oração pela vinda do Reino escatológico de Deus e pelo seu reinado nos corações de todas as pessoas.

Afinal, o discernimento é uma forma de oração, uma pergunta transformada pela graça em uma súplica. Podemos esperar uma resposta do Pai se a pergunta vier do Espírito. Consequentemente, a inspiração do Espírito e a resposta do Pai são dois momentos distintos do cuidado contínuo de Deus por seu povo.

Conclui-se que os membros de uma comunidade com a intenção de chegar a um discernimento devem se unir profundamente a Cristo, não apenas para encontrar uma resposta para o seu problema, mas também para poder fazer a pergunta certa em primeiro lugar. Isso se aplica especialmente quando a comunidade se sente estimulada a descobrir um novo dom que é virtualmente equivalente a uma inspiração extraordinária, como foi o caso dos primeiros jesuítas que deliberaram sobre a fundação de uma nova ordem religiosa. Deus os guiou para a formulação da pergunta certa desde os primeiros tempos, quando experimentaram pela primeira vez o chamado do Rei eterno; depois, quando desfrutaram das consolações de sua união fraterna; e, finalmente, quando os inspirou a se oferecerem ao Papa, para que os enviasse a qualquer parte do mundo a serviço do Evangelho.

Mesmo quando o processo de discernimento se destina a levar não a uma revelação que pode vir apenas de Deus, mas à tomada de uma decisão inteligente a partir de recursos cristãos comuns, a questão deve ser formulada com tanta sabedoria quanto a que se espera estar na decisão. A pergunta errada, especialmente quando formulada em termos de uma dialética bem definida que permite apenas uma resposta positiva ou negativa, pode aprisionar a comunidade em uma busca sem fim e infrutífera. Pior ainda, consolações e desolações comuns podem ser associadas à pergunta errada e então interpretadas como sinais de Deus para confirmar que a comunidade está realmente se movendo na direção errada. Conclui-se que todo discernimento comunitário deva começar avaliando criticamente a pergunta inicial.

Deus vem em seu próprio tempo

18. Permitir tempo suficiente para deliberações é uma questão de prudência; fixar uma data para concluí-las pode ser uma questão de sábia previsão.

"O vento sopra para onde quer e ouves a sua voz, mas não sabes donde vem, nem aonde vai. Assim é quem nasceu do Espírito" (Jo 3,8). Os processos de vida não toleram uma estrutura rígida. Se forem fortes e pujantes, destroem os limites artificiais; se forem fracos e tenros, os limites os destroem. Quer pretendamos descobrir os movimentos delicados da graça por meio das interações entre os membros de uma comunidade ou chegarmos a uma decisão criativa, é tão realista definir uma data precisa para os resultados quanto fixar antecipadamente o dia para a colheita do fruto perfeito da árvore. Isso não significa que o processo deva ser estendido sem limites; é dizer que o devido respeito dado à lenta obra da natureza e da graça deve ser observado. Um bom viticultor sabe esperar o sol, a chuva e o melhor momento para colher as uvas.

Uma condição adicional é necessária. Quando o Espírito induz a comunidade a pedir a Deus que revele a seus membros o que eles não podem saber normalmente, estes últimos não estão em posição de impor um limite ou prazo para os caminhos misteriosos do Espírito, estabelecendo uma data em que ele deva falar.

No entanto, quando estiver claro que a resposta à pergunta deve surgir dos recursos comuns da comunidade, pode ser recomendável definir uma data provisória para o encerramento das deliberações — desde que tal limite não interfira no processo da vida. Esta não é uma observação inútil; com frequência observamos como a tentação de tomar uma decisão pode interferir no jogo silencioso das forças vivas. Às vezes, há uma forte tentação em pressionar o grupo para produzir propostas em um prazo determinado. Para evitar constrangimento e mal-estar, é exatamente isso que acontecerá. A decisão resultante atrairá elogios pela eficiência, mas não haverá muita benignidade interna nela. O alívio e a euforia que esse processo trará será devidamente seguido pelo sabor amargo da fruta imatura. Pode ser sensato definir uma data provisoriamente; pode ser ainda mais sensato cancelá-la.

Nenhum sucesso duradouro vem de uma conversão forçada

19. A conversão de uma única pessoa, assim como a de uma comunidade, não pode ser realizada quando bem entendermos.

Todo discernimento comunitário é um processo de conversão, pois é um movimento para uma melhor compreensão da Boa-nova e para um seguimento mais radical de Cristo. Essa mudança requer visão e determinação renovadas. Os indivíduos, assim como a comunidade, precisam de tempo para ampliar seus horizontes e ainda mais tempo para se ajustar na prática ao novo panorama. Ninguém pode forçar tal novidade a ninguém seguindo um cronograma arbitrário; cada um deve assimilá-lo internamente em seu próprio ritmo. Na maioria das vezes, devemos esperar pacientemente enquanto uma conversão progride.

Tendo em vista que no processo de discernimento cada membro da comunidade está ajudando todos os demais, todos devem estar cientes de que promover ou auxiliar na conversão do outro é uma arte difícil.

Em primeiro lugar, todos os que participam devem tomar consciência de sua própria necessidade de conversão. Um sentimento de superioridade moral exclui todo o progresso.

Nesse caso, cada um deve lembrar que diferenças consideráveis de opinião sobre um determinado assunto geralmente originam-se em diferentes pontos de partida. Quando isso acontece, começar imediatamente um debate a favor ou contra uma moção é uma perda de tempo, uma vez que as diferenças neste nível têm sua origem nas diferenças de princípios fundamentais, sejam eles teológicos, filosóficos ou psicológicos. A comunidade deve antes refletir sobre as fontes de várias opiniões e ver se os seus membros podem alcançar algum entendimento e respeito mútuos naquele nível profundo. Às vezes, pessoas ou grupos têm que reconduzir suas visões intelectuais e decisões morais aos pontos de partida originais. Isso significa que os indivíduos podem ter de fazer um trabalho significativo para desmantelar suas convicções particulares antes que a comunidade possa construir algo em conjunto.

Por fim, quando os seus membros alcançam uma unidade ou algum entendimento mútuo sobre seus pressupostos básicos, a comunidade deve enfrentar a questão que precisa de discernimento.

Às vezes, o fruto apropriado do discernimento nas comunidades religiosas deve ser o simples descarte da questão em consideração, acoplado à decisão de cavar muito mais fundo e descobrir os diferentes alicerces sobre os quais se constrói a visão mental e moral de cada pessoa. Quando os participantes conhecem melhor o ponto de partida uns dos outros, eles podem ser capazes de formular novas perguntas em um espírito de compreensão mútua.

A inteligência desempenha um papel

20. O discernimento comunitário não substitui a inteligência crítica.

A inteligência treinada criticamente é um instrumento indispensável para fortalecer o discernimento espiritual.

A simplicidade espiritual pode nos levar para bem longe na cidade de Deus, mas quando o assunto diz respeito aos assuntos humanos, devemos usar a prudência humana para lidar com o problema: ela deve servir como uma estrutura indispensável sobre a qual opera a intuição espiritual. Nada menos do que um contemplativo como São João da Cruz nos aconselha repetidamente que devemos glorificar a Deus pelo pleno uso das faculdades naturais antes de pedirmos a iluminação sobrenatural. Deus nos deu inteligência para usar e devemos usá-la plenamente.

Vamos enfatizar este ponto porque uma disposição anti-intelectual pode facilmente enganar os discernidores.

A integridade cristã não consiste em ignorar a inteligência em busca da santidade, mas sim em uma integração saudável da nossa humanidade com a graça de Deus. Especialmente quando o objeto do discernimento é em parte sagrado e em parte secular, nossa inteligência deve desempenhar um papel e exercê-lo o máximo que puder. Querer ser "espiritual" além da medida pode prejudicar a comunidade, minimizando o papel das questões de cunho mais intelectual. Deus se regozija com o uso adequado de sua criação.

Quanto mais bem treinada é a inteligência humana, mais ela glorifica a Deus e serve à causa da espiritualidade. Treinar a mente significa principalmente duas coisas: primeiro, ampliar seus horizontes, isto é, ampliar seu campo de visão e de operação; em segundo lugar, discipliná-la a ponto de a compreensão e os julgamentos se basearem apenas nos fatos disponíveis e nunca irem além deles.

A ampliação do horizonte é um movimento que vai da infância à idade adulta, da simplicidade ingênua à sagacidade sábia. As crianças não são capazes de colocar uma questão em um contexto mais amplo, pela simples razão de que ainda não têm um conhecimento ordenado de si mesmas e do mundo ao seu redor. Como não têm muitos pontos de referência em sua memória, tendem a se concentrar em apenas um ou dois aspectos de uma questão complexa para em seguida a julgarem com clareza, mas de modo tendencioso.

A expansão do horizonte, é claro, não se completa instantaneamente no limiar da idade adulta; deve continuar por toda a nossa vida. Frequentemente, o sucesso do discernimento depende da vastidão do campo no qual a mente é capaz de operar. Só Deus sabe quanto mal causaram à Igreja as pessoas que oraram profundamente, mas pensaram superficialmente e agiram de modo tendencioso. Deus não faz milagres para corrigir nossos erros. A intuição espiritual deve andar de mãos dadas com a inteligência treinada.

Disciplina mental significa fidelidade aos fatos e às regras da lógica sã no caminho para conclusões e decisões. Portanto, a base sólida para o discernimento comunitário está em saber como avaliar os fatos com precisão e examinar os argumentos de forma crítica. Todos os participantes devem fazer sua lição de casa sobre o assunto em questão. Todos devem compreender o problema pessoalmente e debater-se com ele. Não devem consentir com uma decisão a menos que conheçam os dados e tenham um conhecimento completo do problema. O comunitário pressupõe o individual no processo de reflexão. Cada um deles deve manter sua integridade, sua fidelidade à visão que podem alcançar e o seu compromisso com a decisão garantida pelas circunstâncias.

Critérios para a verdade

21. As consolações, embora importantes como sinais, não são necessariamente garantia da presença da verdade e da prudência no resultado final.

As consolações são sinais da disposição de uma pessoa perante Deus. Por serem sinais, e não parte da realidade em si, nunca é fácil interpretá-las. Em suas "Regras para o Discernimento dos Espíritos" (*Exercícios*, 313-336), Santo Inácio estabeleceu normas elaboradas para nos ajudar a interpretar o significado de "experimentar consolações", mas nos adverte que enganos ou erros são passíveis de ocorrer no curso da interpretação.

O princípio básico dessas "Regras" de Santo Inácio é semelhante às lições de Santo Tomás de Aquino sobre o conhecimento de Deus e das coisas divinas por afinidade. Aquino observa que alguém pode chegar a um bom entendimento da moralidade cristã sentindo, com a ajuda dos dons do Espírito, o que é certo e o que é errado, antes mesmo de ter estudado essa questão conceitualmente. Inácio afirma que as pessoas que cresceram imbuídas de graça e sabedoria respondem positivamente aos movimentos do Espírito benigno experimentando paz, alegria, coragem e assim por diante, e que respondem negativamente aos movimentos que vêm do espírito maligno, sentindo-se inquietos, tristes, deprimidos e assim por diante (ver as "Regras para a Segunda Semana", 328-336). Muito logicamente, aqueles que seguem o mal terão reações opostas. Eles responderão aos prazeres malignos com alegria e exaltação (ver as "Regras para a Primeira Semana", 312-327).

Essas regras não são nada mais que uma aplicação da afirmação do Senhor de que as ovelhas seguem o bom pastor, pois conhecem a sua voz (cf. Jo 10,4). Há uma continuidade da doutrina de João sobre a voz do pastor nas lições de Santo Tomás sobre a afinidade e, por fim, nas "Regras para o Discernimento dos Espíritos" de Santo Inácio.

Consolações ou desolações podem ajudar no reconhecimento de uma inspiração divina. Com efeito, São Paulo afirma que a experiência do Espírito conduz ao conhecimento da verdade:

> E nós não recebemos o espírito do mundo, mas o Espírito que vem de Deus, para que conheçamos os dons que Deus nos deu. E falamos deles, não numa linguagem ensinada pela sabedoria humana, mas numa linguagem ensinada pelo Espírito, falando de coisas do Espírito aos que possuem o Espírito. (1Cor 2,12-13)

No entanto, nos assuntos humanos o critério apropriado da verdade é uma evidência convincente. Temos isso quando sabemos que todos os passos foram dados para encontrar os fatos e para fazer com que a resposta se encaixasse neles; quando a resposta cobre todas as possíveis dúvidas decorrentes do problema. Então nos rendemos à verdade.

Se perdermos de vista esse processo humano, torna-se impossível reexaminar o resultado de um discernimento comunitário que envolva juízos sobre os assuntos humanos. O critério da verdade estaria em várias impressões espirituais e não na verificação das evidências. Tal espiritualidade desconsidera a criação ordinária de Deus e a realidade da encarnação e, portanto, é suspeita. Quando se trata de assuntos humanos, conclui-se que o importante é recorrermos à nossa inteligência crítica para que o resultado de um discernimento seja feliz.

Os discernidores — enquanto debatem — também devem estar cientes de que os julgamentos de cada um dos participantes não têm o mesmo valor. Cada um se move dentro dos limites de seu próprio horizonte, alguns mais estreitos, outros mais amplos. Alguns permanecem dentro de um universo tangível e material, ao passo que outros exploram as profundezas do espírito humano. No entanto, cada um pode relatar alegria, paz e coragem, mesmo que seu julgamento esteja incorreto.

Considerações semelhantes se aplicam a todas as decisões e opções práticas. Nenhum de nós está totalmente livre de apegos e preconceitos. A extensão de nossa liberdade amplia ou restringe nosso campo de escolha. Devemos avaliar criticamente cada escolha. A probidade intelectual é uma boa disposição para o Espírito construir!

Mesmo se toda a comunidade relatar paz, alegria e coragem ao final do processo de discernimento, alguma cautela ainda pode ser necessária. O resultado conciliado ainda pode estar viciado pelo grande número de mentes estreitas ou por apegos inconscientes do coração. Nem mesmo o contentamento uniforme garante de modo absoluto a verdade infalivelmente encontrada ou a prudência infalivelmente adotada.

O valor do entusiasmo

22. O entusiasmo pode ser uma força motriz amigável quando surge de uma ideia bem fundamentada criticamente, mas pode levar ao desastre quando não é disciplinado por um exame racional das ideias.

Esta regra particular nada mais é do que uma aplicação de um velho ditado dos filósofos que acabou por se introduzir nos *Exercícios* de Santo Inácio: "De uma causa inteiramente boa, só pode se seguir o bem, mas o menor defeito é suficiente para produzir um efeito nocivo". Ele também escreve:

> Devemos observar cuidadosamente o movimento do nosso pensamento; se o seu início, continuação e conclusão são inteiramente bons, pretendendo apenas o bem, um bom anjo deve ser a fonte de inspiração. (*Exercícios*, 333)

Somente haverá bondade nas ações de uma pessoa se houver uma mistura harmoniosa entre as emoções das quais surge o entusiasmo e a mente que é capaz da observação fria e da avaliação crítica de tais movimentos. Se não houver unidade interna em uma pessoa e o entusiasmo caloroso vier independentemente de uma mente fria, o resultado será fragmentário. Se houver apenas frieza e cálculo em uma pessoa, sem o calor das emoções, ela será tão desumana quanto um computador.

Uma comunidade em deliberação deve ter essas advertências em mente. Se o grupo não estiver envolvido no âmago da questão ou na dura realidade da aplicação de belas ideias, seus membros podem ser facilmente influenciados pelo entusiasmo e considerar qualquer coisa que pareça boa e bela como imediatamente adequada para nosso mundo frágil e imperfeito.

Infalibilidade e falibilidade

23. Os discernidores são falíveis. Consequentemente, o resultado de todo processo de discernimento é falível.

Desde o Concílio Vaticano II, uma mudança ocorreu na Igreja Católica. A compreensão da infalibilidade "da qual o Divino Redentor quis que sua Igreja fosse dotada" (Denzinger, 3074), manifestada pelos atos dos papas e dos bispos, passou por alguma purificação, e a partir de então é interpretada de uma forma mais equilibrada. No entanto, durante estes mesmos anos, um novo mito começou a crescer: o que parecia conceder uma infalibilidade a pessoas e comunidades em um grau não mais concedido ao Papa ou ao colégio dos bispos. Não pode haver dois pesos e duas medidas. Acolhemos devidamente uma restrição por parte da Igreja hierárquica em sua confiança no carisma da infalibilidade. Portanto, devemos nos refrear devidamente ao nos depararmos com a presunção de que grupos e indivíduos na Igreja possam operar infalivelmente.

A verdade pura e simples é que virtualmente qualquer processo de discernimento por comunidades ou indivíduos ocorre em um contexto de falibilidade — com exceção, é claro, de uma declaração doutrinária solene por um concílio ecumênico ou pelo Papa, um evento raro.

Quando Deus insufla os seres humanos, experimentamos a inspiração divina em uma profundidade que está além de nossas imagens e conceitos, mas para ser inteligível ela não pode permanecer neste estado. A percepção intuitiva deve ser articulada em uma língua humana. Às vezes, a proclamação chega confusa e obscura, como no caso da "glossolalia" de que fala São Paulo (1Cor 14,1-19). No entanto, se o destinatário deseja se comunicar, a linguagem deve ser articulada e inteligível por meio de palavras e conceitos que carreguem um significado para os outros; deveria ser na forma de "profecia", como Paulo a chamou. Por meio dessa "profecia", um movimento misterioso iniciado pelo Espírito entra em nosso próprio mundo limitado, em nossa cultura e em nossa história; o inefável assume uma forma humana. As pessoas que receberam tal inspiração devem "traduzi-la" com seus próprios recursos mentais e interpretar o movimento da graça com palavras do dia a dia. O resultado é que, lado a lado com a sabedoria divina, haverá a fala humana. O inefável no fundo dessa pessoa e sua articulação em palavras humanas devem ser fundidos em uma unidade. A partir de então, a clareza de Deus e a falibilidade humana estarão unidas.

Conclui-se que nenhuma pessoa e nenhuma comunidade podem alegar que são capazes de articular o movimento do Espírito em toda sua pureza. O máximo que podem fazer é proclamar sua convicção de que acreditam que o Espírito as inspirou e que chegaram à melhor interpretação que poderiam dar ao que era intuitivo e inefável. A história bíblica de Jonas, que havia recebido um mandato genuíno de Deus, mas o interpretou à sua maneira, deve ser uma advertência salutar a todos os discernidores. Jonas obedeceu ao chamado e anunciou, conforme as instruções, que em quarenta dias Deus destruiria Nínive. No entanto, o horizonte de sua mente era muito estreito para entender que Deus poderia se arrepender do mal que havia dito que faria ao povo de Nínive. Quando Deus não causou esse mal, Jonas ficou zangado. A história termina lindamente descrevendo como, por meio de parábolas e sinais, Deus ajudou Jonas a entender que pode mudar de ideia e sua misericórdia pode se estender até mesmo aos 120.000 pagãos de Nínive.

O Espírito de Deus presente na Igreja garante que a mensagem dada à humanidade por Jesus Cristo nunca se perderá e que o povo de Deus encontrará seu caminho para o Reino. Cercados e protegidos por esta certeza excepcional, os cristãos agora devem viver dentro de sua falibilidade.

Compreender e aceitar nossa condição de seres falíveis leva à libertação. Ninguém precisa fingir que é um mensageiro da própria revelação de Deus. Em vez disso, todos devem apresentar suas percepções em prol de um saudável espírito comunitário, em última análise àqueles que têm a autoridade final para julgar, ou seja, o Papa com o colégio dos bispos, de modo que o que está faltando na visão de alguém possa ser avaliado pelo ministério da Igreja. O diálogo é possível na Igreja precisamente porque somos falíveis.

Deus nunca prometeu que cada um de nós, ou que cada grupo religioso, teria o poder de declarar infalivelmente a verdade, mas "Sabemos que todas as coisas concorrem para o bem dos que amam a Deus, dos que são chamados de acordo com a sua vontade" (Rm 8,28). Um cheque em branco surpreendentemente generoso: Deus cuida de nossos erros bem-intencionados.

O hábito de orar é necessário

24. A reflexão orante durante o discernimento comunitário não compensará a falta de longos anos de devoção e purificação.

Alguém que costuma orar vai discernir melhor e em menos tempo do que uma pessoa dispersa que repentinamente se concentra no assunto. Uma analogia ilumina isso: um cirurgião estudioso e experiente operará melhor e mais rápido o paciente do que um estudante de medicina que está consultando as melhores autoridades durante a operação. Os atos improvisados não podem substituir uma habilidade adquirida durante um longo período. O discernimento em seu nível mais profundo pressupõe o hábito da contemplação, que não pode ser adquirido em alguns retiros de fim de semana, por mais intensos que sejam. Este princípio se aplica tanto às pessoas quanto às comunidades. É de alguma importância que o discernimento seja feito em um ambiente de oração; é da maior importância que aqueles que discernem sejam pessoas de oração. Segue-se que, para algumas comunidades, a questão certa não é como discernir um assunto, mas como criar um hábito de oração antes de ser capaz de chegar a qualquer discernimento. Em outras palavras, o discernimento improvisado não é o caminho para um juízo confiável.

O consenso não precisa ser o objetivo: o discernimento autêntico pode permitir a dissensão

25. Se o consenso puder ser alcançado, louvado seja Deus; caso contrário, lembremos que discordar é católico.

O consenso é uma ideia fascinante. O que poderia ser mais belo do que toda uma comunidade ter uma só mente e um só coração no Espírito e concordar com o mesmo julgamento que eventualmente levará a um curso de ação em conjunto? Há momentos em que Deus concede essa unidade. Os primeiros padres da Companhia de Jesus chegaram a isso ao final de sua *Deliberatio* sobre a fundação de uma ordem religiosa. Em outro campo, as leis para a eleição pontifícia admitem a possibilidade de escolha de um novo Papa por aclamação comum sob a inspiração do Espírito. O consenso é certamente possível. Quando está presente, temos de reconhecê-lo, respeitá-lo e regozijar-nos com ele.

Entretanto, o Consenso baseado em opiniões idênticas é (e deveria ser) uma ocorrência rara. Embora Deus tenha criado todos iguais, não deu os mesmos dons da natureza e graça para cada pessoa. Ele também não as criou exatamente no mesmo lugar no tempo e no espaço, nem lhes impôs um ritmo uniforme em seu progresso em direção à maturidade humana e cristã. Consequentemente, na prática é raro quando todos chegam à mesma conclusão por meio de uma luta interior. A regra primordial é que nenhuma violência deve ser feita à inteligência e à liberdade de ninguém. Em vez disso, devemos antecipar diferentes juízos e várias propostas de ação.

Conclui-se que, ao final de um processo de discernimento comunitário, é razoável esperar por uma diversidade de opiniões. O consenso de julgamento pode ser um presente de Deus, mas também pode ser uma falácia criada pelo ser humano. Quando vem de cima, constrói a comunidade; quando imposto a todos, destrói a comunidade.

Pode haver outro tipo de convergência no grupo. Não é um assentimento comum à verdade em questão, mas uma experiência comum de paz em relação à solução proposta para um problema. Intelectualmente, alguns podem não aprovar a resposta, inclusive podem se sentir compelidos a se opor, mas estão prontos para aceitá-la como a única possível em sua comunidade, como a única que pode unificar a comunidade. Uma situação complexa! Algumas mentes não encontram repouso na verdade porque ainda não a encontraram, mas todos podem se sentir "consolados" porque o resultado parece ser o próximo passo possível no serviço ao Senhor. Essa convergência é legítima, mas é frágil por sua própria natureza. A verdade não é negociável. Portanto, aqueles que estão convencidos de que um juízo é falso ou de que uma decisão é incorreta devem aguardar uma oportunidade melhor para abordar a questão novamente.

Em geral, é mais sensato não exaltar a importância do consenso, mas insistir que aqueles que vivem em uma comunidade devem carregar o fardo uns dos outros. Este fardo inclui juízos menos perfeitos e menos eficientes do que o melhor curso de ação. O vínculo entre os membros de uma comunidade nunca se baseia em juízos idênticos, mas a aceitação de uma deliberação se dá por amor à caridade, que pode se sobrepor a uma infinidade de diferenças. Encontrar a perfeição na caridade significa aceitar a sabedoria de uma maioria legítima ou às vezes sua falta de sabedoria. Temos de encontrar paz não tanto na perfeição, mas na aceitação de um mundo imperfeito.

O paradoxo dos erros pacíficos

26. Para avaliar o valor do resultado de um processo de discernimento comunitário, devemos ter em mente que a experiência subjetiva da paz e da alegria no Senhor é compatível com juízos indiscutivelmente equivocados e decisões erradas.

Esta afirmação não deveria mais nos surpreender. Simplesmente resume muito do que vimos antes: que uma comunidade que discerne não pode ser infalível ou indefectível em qualquer tipo de processo. Consequentemente, os esforços sinceros de seus membros para alcançar a verdade objetiva ou escolher a opção correta podem falhar, mas tal limitação não os torna menos aceitáveis aos olhos de Deus. Contanto que suas intenções sejam puras e boas, Deus os ama e os guia em sua luta e humanidade imperfeita.

Tudo o que Deus espera de uma pessoa é o passo que ela pode dar aqui e agora. Uma vez que alguém ou uma comunidade dá esse passo, Deus se regozija e deixa a consciência de seus servos em paz.

E o que isso implica?

Tendo em mente esse paradoxo, podemos chegar a uma melhor compreensão do significado de sinais como paz, alegria e outros no processo de discernimento. Eles são indicadores da relação de uma pessoa ou de uma comunidade com Deus. Não são provas de que determinado julgamento ou decisão está de acordo com a ordem objetiva das coisas ou é a mais sábia. Não é de se admirar, visto que em última análise essas disposições são sinais de uma boa consciência, e a consciência diz respeito ao nosso relacionamento com Deus.

Uma vez que entendemos essa situação paradoxal, fica claro que não há atalhos em meio às leis da natureza. O critério da verdade está na evidência objetiva, seguida pelo assentimento da mente a um juízo. Esse processo pela inteligência não pode ser deixado de fora ou diluído sem que haja punição, mesmo em um processo de discernimento. Deus fez este mundo como ele é; isso é o que os filósofos chamam de mundo objetivo. Devemos nos conformar com a intenção de Deus se quisermos dar glória a ele.

Conclui-se também que devemos usar a expressão "encontrar a vontade de Deus" com cautela. Conforme indicamos anteriormente, seriam necessários muitos volumes para explicar as complexidades da vontade de Deus do modo como podemos compreendê-la. No entanto, para fins práticos, podemos fazer uma distinção útil. Num determinado momento para nós, a vontade de Deus é que façamos o nosso melhor para progredirmos em direção a ele e para que procuremos dar o próximo passo em seu serviço, mesmo que esse passo, desconhecido para nós, possa estar indiscutivelmente errado. Para Deus, a disposição interior é importante, mas ele também criou o mundo fora de nós com suas leis independentes de nós. Se a ação de uma pessoa não se ajusta a esse padrão, não importa o quão boas sejam suas intenções, pode haver desordem. Os seres humanos sofrerão e as instituições pagarão o preço.

Mas isso não quer dizer que o discernimento não deva ser usado. Segue-se apenas que devemos saber que o seu maior valor é o da reafirmação do nosso relacionamento com Deus. Não se destina a trazer revelações extraordinárias. Uma vez ciente de tal limitação, o grupo deve estar bem-disposto a usar esse precioso instrumento que tem em mãos.

Segue-se que, uma vez concluído o processo de discernimento, seus resultados não devem ser apresentados com as palavras dos Atos dos Apóstolos e dos concílios ecumênicos:

placuit Spiritui Sancto et nobis, "nos agradou e ao Espírito Santo". Em vez disso, a comunidade deve louvar a Deus e confiar que ele nunca a deixará ser separada de Jesus Cristo. Nada mais importa.

Quarta pergunta
Qual é a relação entre autoridade e discernimento?
Qual é o papel do discernimento em uma comunidade sob uma autoridade legítima e ativa?

Por sua própria natureza, o propósito do discernimento comunitário é o de encontrar inspiração para a ação; o propósito da autoridade externa é o de criar ordem no grupo. As duas fontes de sustentação, uma espiritual e outra legal, devem se completar e se equilibrar para o benefício geral do corpo social. Em nosso tempo sagrado de redenção, isso deve ser feito em um ambiente transbordante de graça. Nunca de outra forma.

O Significado da Autoridade

27. Autoridade e comunidade não podem ser separadas uma da outra, assim como um corpo humano não pode ser separado de seu esqueleto. Como não há corpo sem estrutura óssea, não há comunidade sem estrutura. Ou seja: uma comunidade tem de ter suas próprias exigências.

Um dos objetivos dessa tese é necessariamente o de descartar uma abordagem falsa da autoridade na comunidade. O outro é dar uma explicação sucinta, mas substancial, de como a autoridade surge e opera em uma comunidade.

Precisamos descartar a abordagem falsa que opõe autoridade à comunidade como se as duas fossem entidades díspares; isso pode se manifestar por meio de uma distinção extremamente aguda entre superiores e súditos, uma terminologia que o Concílio Vaticano II tentou evitar. Às vezes, essa abordagem é disfarçadamente adotada quando se enfatiza a diferença entre "os líderes" e "aqueles que são liderados", uma linguagem que certamente não foi tirada da Bíblia. Por mais insignificantes que possam parecer, as palavras moldam a mente, que por sua vez traduz essas palavras em ação.

Em uma comunidade saudável, as duas estão organicamente unidas, pois uma não pode existir sem a outra. Autoridade é o órgão central da comunidade e sua tarefa é criar e manter a unidade no grupo. A autoridade comunitária não tem fonte externa, é necessariamente instituída de dentro para fora e não se opõe à comunidade justamente por ser parte integrante dela. Deixem-nos explicar melhor.

Uma multidão de pessoas reunidas em um mesmo lugar e ao mesmo tempo não é suficiente para formar uma comunidade. Há milhares de pessoas na Estação Central da cidade de Nova York por volta das cinco horas da tarde; no entanto, ninguém diria que estão formando uma comunidade. Não estão porque nenhum vínculo de unidade as mantém unidas. No mínimo, estão se afastando umas das outras, tentando pegar seus trens. Uma multidão de pessoas forma uma comunidade quando cada uma delas é inspirada pelas mesmas ideias e quando age com o mesmo propósito que as outras.

Essa unidade de um determinado grupo não cai do céu. O grupo deve criá-la.

Promover uma visão e uma linha de ação comuns é precisamente a essência da autoridade. Sua capacidade de conduzir e manter todo o corpo unido vem do poder. Pode ser poder dado pelo Espírito de Deus; pode ser poder fruto da inteligência e determinação humanas ou pode ser poder legalmente concedido por uma comunidade maior a uma comunidade menor que nela está inserida. Portanto, a autoridade está enraizada no poder.

Não devemos ter medo da palavra "poder". É verdade que em sentido moderno pode significar força nua e bruta, mas seu antigo significado cristão é bem diferente. Nessa acepção, poder significa a força do Espírito em um ser humano. Esse poder é o alicerce de toda autoridade na Igreja. Em nenhum lugar isso é mais bem expresso do que na *Lumen Gentium*, na parte em que o concílio tentou explicar o significado mais profundo da autoridade do Papa e dos bispos:

> Como sucessor de Pedro, o Romano Pontífice é o perpétuo e visível princípio e fundamento da unidade não só dos bispos, mas também de todo o grupo de fiéis. E cada um dos bispos é o princípio e o fundamento visível da unidade em suas respectivas Igrejas, formadas à imagem da Igreja universal. (23)

Além disso, a autoridade, por ser responsável pela unidade do grupo, não pode ser efetiva a menos que seja aceita tanto por aqueles que estão sob o seu jugo quanto por aqueles que estão à sua volta. A dedicação permanente e livre à comunidade de ambas as partes mantém o seu corpo unido.

A interação entre o órgão central do corpo e as partes restantes — isto é, entre os membros da comunidade investidos de poder e autoridade e aqueles que não o são — é uma interação contínua de forças vitais. Os que têm autoridade não podem operar a menos que tenham a capacidade e a disposição para receber uma infinidade de ideias ou sugestões provenientes de todos aqueles que eles pretendem conduzir. Se tal receptividade não existir, a autoridade deixa de ser um órgão vivo do corpo; afinal, como a cabeça poderá funcionar se não receber sangue e oxigênio do corpo?

Recebidas as sugestões, as autoridades devem cumprir seu papel específico e crucial. Devem criar e sustentar uma visão e um objetivo comuns a partir da multiplicidade de ideias e propósitos a elas oferecidos. É preciso ouvir a todos; caso contrário, o processo de governança sequer poderia começar. E a tarefa da autoridade não termina por aí: ela deve ajudar a todos a forjar uma nova unidade.

Portanto, os que têm autoridade devem comunicar sua nova visão a todos os membros. Sem impor essa visão à comunidade, mas comunicando-a de forma que todos possam compreendê-la e aceitá-la livremente de dentro para fora. Só assim a comunidade se torna uma só mente e um só coração.

Isso explica o nascimento e a vida de uma comunidade por meio da ação criativa de um centro, ou o nascimento da autoridade por meio da ação criativa da comunidade. Se um grupo esparso deseja se tornar uma comunidade, necessariamente deve gerar autoridade.

Na Igreja, existe uma fonte transcendental de unidade: a Palavra de Deus que guia a todos e o Espírito energizante que vive em cada pessoa e as aproxima umas das outras. A Palavra e o Espírito são uma fonte de vida para todos; são a palavra final e a medida de todas as ações dos líderes, bem como das de todos os membros da comunidade.

Esta relação criada pela Palavra e pelo Espírito distingue a comunidade eclesial das associações seculares. Em um sistema democrático de governo civil, a vontade do povo, manifesta por meio dos procedimentos usuais de votação e eleição, em circunstâncias normais não só pode como deve ser a norma de ação do governo. Numa comunidade eclesial, a vontade do povo, não menos que a vontade dos governantes, está sujeita às exigentes demandas da Palavra e do Espírito.

O uso correto da autoridade

28. A autoridade conferida a uma pessoa é uma responsabilidade sagrada. Mesmo quando suas limitações legais são poucas, seu uso está sujeito às normas morais e religiosas. A autoridade em uma comunidade eclesial deve ser usada apenas em nome do Reino de Deus.

O centro de poder existe para o bem de todo o corpo; exercer autoridade é um dos ministérios da comunidade. Nem um grama de poder e força é dado para a exaltação deste centro, pois ele é inteiramente ordenado e destinado à edificação e ao fortalecimento de todo o corpo.

Para cumprir seu mandato, as autoridades devem ter um respeito absoluto pelos valores objetivos. Portanto, se descobrirem a presença de um dom na comunidade, como alguém com um talento excepcional para música, a pergunta correta a ser por elas formulada é a de "como esse dom pode ser inserido no funcionamento do grupo como um todo?" Não significa que o todo deva se ajustar a esse talento, mas significa que não devemos sacrificar levianamente um indivíduo e seu talento a um objetivo comum abstrato. É certo que nem sempre é fácil encontrar um equilíbrio que respeite tanto o bem do indivíduo quanto o bem comum.

A atitude daqueles imbuídos de autoridade será bem diferente se estes considerarem um dom da comunidade como se fosse propriedade sua, inteiramente à sua disposição, ou como um encargo sagrado que traz consigo o fardo de uma contabilidade justa.

Modelos de autoridade

29. Embora nosso conceito de autoridade tenha sofrido sérias mudanças nos tempos modernos, tais mudanças não destruíram o que era bom na antiga concepção, mas a corrigiram e aperfeiçoaram.

São múltiplas as razões para essas mudanças. O mundo se tornou muito mais sofisticado. Os padrões de educação são mais rigorosos e muitas comunidades se tornaram associações de pessoas altamente treinadas e especializadas. O modelo de relacionamento pai e filho ou mãe e filha já não é mais aplicável.

Embora o exercício da autoridade continue sendo um ministério distinto e indispensável, não é mais correto supor que o superior hierárquico seja a pessoa mais bem informada e mais inteligente, como um pai é para um filho. Ele é tão limitado quanto os outros. No entanto, mesmo nas comunidades atuais, um centro de unidade se faz necessário. Se tivéssemos de estabelecer um modelo, o mais adequado seria o de um "amigo de confiança", dotado de poder para servir o seu povo. As comunidades não devem mais ser vistas como grupos de crianças dirigidos por um pai ou uma mãe, mas como grupos de amigos que desejam que um deles seja dotado de poder para mantê-los unidos na fé, na esperança e no amor, e assim tornar seu trabalho mais eficaz. O exercício da autoridade descrito anteriormente não é possível se seguirmos o modelo pai e filho; afinal, não pode haver uma troca de conselhos justa e constante entre pais e filhos. Algo está errado quando adultos maduros fingem que alguns deles são crianças. Todos são crianças em relação a Deus, mas adultos em relação uns aos outros.

Inspiração Interna — Governo Externo

30. No governo comum, é aconselhável — ou melhor, imperativo — honrar a distinção e manter a distância entre o foro

interno e o foro externo. Profecia e administração são dois ministérios distintos. Eles não devem ser confundidos — nem na teoria e nem na prática.

Foro interno significa o domínio interno reservado a Deus e a uma só pessoa — e com razão. Foro externo significa o campo de atuação onde o poder comum exerce o ato de governar uma comunidade.

A visão e a inspiração de uma pessoa regem sua consciência. Leis e preceitos organizam e dirigem a vida externa da comunidade. Não devemos considerar os dois como campos opostos. Em vez disso, eles devem se complementar, e juntos, em cooperação um com o outro, trazer momentos pacíficos e propositivos para a comunidade.

Juízos e deliberações internas dizem respeito ao mundo da consciência. O governo trata da coordenação de atividades e do estabelecimento de normas que ajudem a construir a melhor harmonia possível entre o bem-estar dos indivíduos e o bem comum de todos. A força de uma decisão consciente vem dos recursos internos de uma pessoa; o poder de governar provém de um mandato conferido pela comunidade, seja por meio de eleições, seja por nomeação.

Uma comunidade é próspera quando há respeito pela consciência e pelo governo, onde cada um dos dois funciona de acordo com seu próprio propósito, sem suplantar ou anular o outro. Nenhum dos dois deve ser enfraquecido; eles devem florescer juntos.

Governo do dia a dia

31. Embora o discernimento da comunidade possa servir a um propósito importante quando a comunidade se encontra em uma encruzilhada, dificilmente é adequado para uma governança comum.

Na história de cada comunidade, há momentos em que a comunidade chega em uma encruzilhada e deve tomar decisões importantes. Esses são momentos para deliberação em oração. Os hebreus tiveram de parar para refletir e orar depois que fugiram do Egito e antes de começarem a voltar para a Terra Prometida. Eles tinham um cenário ideal para o discernimento: o deserto do Sinai com a montanha de Deus ao fundo!

Ainda assim, o grande e valioso instrumento espiritual de discernimento comunitário não serve para decidir questões cotidianas, tendências ou correntes. Não é para trivialidades.

Na verdade, historicamente o procedimento um tanto solene do discernimento nunca funcionou por muito tempo como um instrumento de governo cotidiano comum. Se existiu, depois de um curto período deu lugar a um processo de tomada de decisão ordenado por meio de discussões, deliberações e contagem de votos. O procedimento informal do Concílio de Jerusalém evoluiu para estruturas formais em concílios posteriores, até que no Concílio Vaticano II computadores foram trazidos para contar os votos e assim ajudar a avaliar o movimento do Espírito com rapidez e precisão. Nada há de errado em dar um propósito espiritual para uma máquina construída pela inteligência humana!

Na história das comunidades religiosas ocorreu uma evolução semelhante. A simplicidade inicial dos irmãos, fossem eles monges, frades mendicantes ou padres regulares, evoluiu para um tipo estruturado de governo, como capítulos, congressos ou congregações, que exerciam suas atividades de acordo com regras bem definidas. A lei da evolução é que a estrutura suceda ao entusiasmo. As instituições dão estabilidade histórica a inspirações frágeis.

Cada comunidade deve ter a sabedoria de considerar em que circunstâncias deve recorrer ao discernimento. Um instrumento precioso pode ser destruído quando usado no lugar errado e na hora errada. Portanto, valores preciosos podem ser perdidos se um bom instrumento não for usado no lugar certo e na hora certa.

Quinta pergunta
Que diretrizes práticas resultam de nossas reflexões teológicas?

As diretrizes práticas a seguir não contêm novos *insights*. Resumem atitudes e ações práticas para comunidades que buscam o discernimento.

1. Uma comunidade empenhada no discernimento deve recordar as palavras do Senhor: "Pois quem de vós, querendo construir uma torre, não se senta primeiro para calcular a despesa e ver se tem meios para acabá-la?" (Lc 14,28). Sua primeira resolução deve ser manter a altura e a largura da torre proporcionais aos dons da natureza e da graça.

2. Uma comunidade não deve imitar literalmente qualquer modelo histórico de discernimento, a menos que as circunstâncias específicas de seus membros sejam idênticas ou muito semelhantes a esse modelo e seus próprios recursos sejam tão abundantes quanto os daqueles a quem decidiram seguir. Já que os primeiros padres da Companhia de Jesus constituíam uma comunidade pequena e profundamente contemplativa, formada e treinada por Inácio por muitos anos, e já que eles deliberavam sobre uma questão religiosa excepcional para a qual somente uma inspiração cheia da graça

poderia dar uma resposta confiável, seus métodos e recursos eram únicos. Consequentemente, o modelo precisa ser ajustado antes que outras comunidades comecem a usá-lo em circunstâncias radicalmente diferentes.

3. Embora uma comunidade comum preocupada com questões menores possa não ser capaz de operar com percepções tão profundas e um desígnio tão firme quanto a dos primeiros Jesuítas, seus membros devem ser capazes de buscar e encontrar o próximo passo no serviço ao Senhor. Portanto, não devem ter medo de usar o discernimento da comunidade sempre que precisarem enfrentar decisões importantes.

4. O Senhor abençoa as comunidades de diferentes maneiras. Os problemas que elas enfrentam também são diferentes. Portanto, ajustes no método destinado a encontrar o próximo passo no serviço ao Senhor sempre serão necessários. Nenhum padrão é universal.

5. A paz é uma condição fundamental para se chegar a um discernimento bem-sucedido em qualquer comunidade. Se não há paz na comunidade, a busca pela reconciliação deve ser o único objeto de discernimento.

6. Quanto mais uma comunidade estiver suscetível aos caprichos da instabilidade emocional de seus membros, menos estará propensa a alcançar um discernimento genuíno.

7. Esperar por uma resposta do Pai (como Jesus prometeu) é a coisa certa a se fazer quando a questão é formulada em nome do Senhor Jesus e do Espírito, mas ninguém deve tentar a Deus formulando uma questão que vá além de seus próprios recursos para em seguida postular uma resposta em

uma data fixa. As Escrituras condenam abundantemente tal presunção. A comunidade deve saber esperar com paciência quando somente Deus é capaz de dar a resposta. Lembre-se de que nenhum esforço humano pode apressar a intervenção de Cristo. Nossa impaciência pode facilmente nos aprisionar em uma solução falsa.

8. Quando a comunidade tem a capacidade de resolver um problema lançando mão dos próprios recursos da graça e da natureza de seus membros, não deve esperar por uma revelação, mas sim ir em frente para encontrar a melhor solução possível. A regra fundamental para qualquer método é que todas as trocas e deliberações devem ser embebidas em oração.

9. A comunidade pode fazer um bom progresso concentrando-se na oração e na reflexão sobre cada aspecto de um determinado problema, especialmente quando a resposta a uma pergunta tiver de ser um *sim* ou um *não*. Esse foi o método empregado pelos primeiros jesuítas e atendia perfeitamente ao seu propósito. Pode ser adequado ao propósito de algumas comunidades modernas também, mas não exclui outros procedimentos.

10. Quando uma determinada pergunta não permite uma resposta que seja um simples *sim* ou um *não*, as comunidades devem desenvolver outros métodos que permitam extrair contribuições constantes e contínuas de múltiplas fontes. Devemos usar métodos de trabalho diferentes para decidir questões como "devemos construir uma torre?" e "como devemos construí-la?". Esta distinção é particularmente re-

levante para comunidades que pretendem redigir documentos constitucionais.

11. Embora todos devam fazer um esforço para compreender e julgar cada ponto de vista, também devem respeitar a parcialidade de um profeta e as percepções penetrantes, mas circunscritas, de um gênio. Historicamente, houve muitas ocasiões em que uma inspiração única de Deus ou uma visão incomum da natureza tornava um profeta ou um gênio não receptivo a argumentos que pareciam bons para todos os outros. A comunidade deve valorizar essas pessoas. Elas compensam em profundidade o que lhes falta em amplitude.

12. Em todo o processo de discernimento comunitário, cada membro deve participar de todo o coração, dando e recebendo na mesma proporção. Se houver um desequilíbrio entre estas duas ações, o corpo sofrerá como um todo.

13. Paz, consolação e encorajamento são sinais da graça e da presença de Deus. Eles confirmam a consciência da comunidade que está empenhada em dar o próximo passo no serviço ao Senhor. Podemos considerar o valor objetivo de tal etapa de duas maneiras. Em primeiro lugar, em relação à comunidade: pode ser o melhor para os seus membros porque é o máximo que podem fazer. Em segundo lugar, em relação a outras comunidades, incluindo a Igreja universal e nossa sociedade humana: pode ser boa ou má, pode trazer progresso ou desastre. Uma criança inábil pode dar o melhor de si para dirigir um trem e ainda assim fazer com que ele descarrilhe e envolva muitas outras pessoas no desastre. Uma pessoa competente o conduz de maneira adequada e garante a tranquilidade de to-

dos. Esta regra permanece válida e é compatível com a crença de que a presença do Senhor Ressuscitado aumenta a capacidade da comunidade de servi-lo.

14. A comunidade deve ser cautelosa e permanecer realista em seus objetivos. Não deve tentar criar uma *Utopia* aqui e agora. Quando alguém não tem responsabilidade pela execução prática da decisão, é fácil ficar fascinado e perder o controle em nome da perfeição. No entanto, o que é perfeito em teoria pode se tornar destrutivo na prática. O melhor pode ser inimigo do bom.

15. O discernimento da comunidade deve ser um processo contínuo. O tempo real para se chegar a ele nada mais é do que um período intenso na vida — em constante evolução — da comunidade. O discernimento deve se unir a um movimento de vida mais amplo.

16. O discernimento da comunidade deve ser um processo perene. Quando a comunidade articula qual deve ser o próximo passo, há um elemento humano falível em seu julgamento, sujeito à correção. Tendo em vista que a nossa condição pecaminosa torna nossa visão turva e nossas percepções limitadas, e que nossas decisões ficam longe de serem as melhores, devemos examinar e reexaminar continuamente o que temos feito.

17. Deve haver espaço para divergências no discernimento da comunidade. Na verdade, a dissidência deve ser bem-vinda e manifesta para que todos estejam cientes dela. As vozes dissidentes de hoje muitas vezes são o início de um novo amanhecer para o futuro. Ninguém deve ser pressionado

a adotar o ponto de vista comum. Deus ama cada indivíduo na comunidade.

18. Após a conclusão do processo de discernimento comunitário, é aconselhável avaliá-lo. Assim como um indivíduo deve refletir sobre seus próprios pensamentos e ações, a comunidade deve fazer o mesmo. A avaliação não deve ser realizada por toda a comunidade, mas por um pequeno grupo de pessoas qualificadas e de confiança que participaram ou estiveram presentes durante todo o processo, relatando suas conclusões para a comunidade.

Para evitar qualquer preconceito ou parcialidade, este grupo deve fazer uma série de perguntas objetivas. Eis aqui alguns exemplos:

- Todos os membros da comunidade em um processo de discernimento estavam completamente familiarizados com todos os fatos relevantes?
- Eram suficientemente instruídos e versados no assunto em questão no processo de discernimento?
- Tiveram tempo suficiente para refletir e desenvolver percepções originais ou trabalharam sob pressão?
- Os participantes estavam calmos, tranquilos e receptivos?
- O clima era de oração?
- Qual foi o papel da inteligência crítica no processo?

Respostas sinceras a perguntas como essas podem revelar mais sobre o valor do discernimento do que um sentimento difuso de paz e felicidade. Além disso, uma comunidade pode querer seguir a regra de que não entrará em um novo processo de discernimento enquanto não tiver avaliado objetivamente o último.

19. O discernimento comunitário pode ser um poderoso instrumento de progresso na vida de uma comunidade religiosa, desde que não esperemos maravilhas e milagres de sua parte. Pode assegurar um crescimento tranquilo em graça e sabedoria.

À guisa de conclusão

A conclusão de todo estudo pode ter duas dimensões. Uma delas emerge do retrospecto do campo percorrido pelo autor, consistindo em um somatório das perguntas e respostas que se sucederam ao longo do processo de reflexão. Outra surge de um olhar para além do campo recém-explorado.

As orientações práticas que demos na última parte deste ensaio resumem de modo satisfatório a essência das nossas perguntas e respostas; não há necessidade de repassá-las novamente. No entanto, acreditamos que há necessidade de irmos além do escopo deste estudo, até mesmo além de todos os benefícios e bênçãos que o discernimento comunitário pode trazer. Ao fazer isso, nos inspiramos em São Paulo. Em sua primeira epístola aos Coríntios, ele escreveu:

> São vários os dons espirituais, mas o Espírito é o mesmo. E os ministérios são vários, mas o Senhor é o mesmo. As obras também são várias, mas é o mesmo Deus que realiza tudo em todos. A cada um é dada a manifestação do Espírito em vista do bem de todos. (1Cor 12,4-7)

Todos os dons devem ser usados para o bem comum, isto é, para o bem de todo o corpo que é a Igreja. Do mesmo modo, o dom do discernimento, quando concedido a uma comunidade, assim o é graças a um corpo maior e mais universal do que a própria comunidade em processo de discernimento. De fato, um grupo religioso que reflete sobre o próximo passo que dará no serviço ao Senhor só pode fazê-lo validamente quando olhar para além de si mesmo, e o seu objetivo principal é o de construir e fortalecer todo o corpo que é a Igreja. O amor e a compaixão pela Igreja de Cristo são sempre o sinal da presença do seu Espírito, assim como a falta dessas atitudes é um sinal virtualmente infalível da ausência do Espírito de Cristo.

O discernimento, no entanto, não é o maior dom:

> E quero vos mostrar um caminho infinitamente superior. Se eu falasse as línguas dos homens e dos anjos, mas não tivesse a caridade, seria um bronze que soa ou um sino que toca. E se tivesse o dom da profecia e conhecesse todos os mistérios e toda a ciência, e se eu tivesse toda a fé, a ponto de transportar montanhas, mas não tivesse a caridade, não seria nada. (1Cor 12,31b-13,2)

Será que Paulo escreveria hoje: "Se tenho a capacidade de discernir em todos os assuntos do céu e da terra, mas não tenho caridade, eu nada seria"?

Todos os discernidores devem almejar o caminho incomparavelmente superior: "Agora estas três coisas permanecem: a Fé, a Esperança e a Caridade. Mas a maior delas é a Caridade" (1Cor 13,13).

Leituras adicionais

O propósito desta lista de livros é "inspiracional", isto é, o de conduzir o leitor a horizontes mais amplos sobre as raízes teológicas e a história do discernimento.

AGOSTINHO, Santo [bispo de Hipona]. *Confissões*.
A história imortal de um jovem discernindo sua vocação.

BENTO, São. *The Rule of St. Benedict in English*. Editado por Timothy Fry. Collegeville: Liturgical Press, 2018.
"Este é o conselho de um pai que te ama; recebe-o e coloca-o fielmente em prática". (Excerto do prólogo da Regra de São Bento, que foi e continua sendo verdadeiramente o mestre da discrição e do discernimento.)

GUILLET, Jacques et al. "Discernement des esprits." In: *Dictionnaire de Spiritualité: Ascétique et mystique, doctrine et histoire*. Vol. 3, 1222-1291. Paris: Beauchesne, 1957.
Um tratado teológico completo sobre o discernimento cobrindo todos os aspectos: bíblico, histórico e sistemático.

HAGGERTY, Donald. *Contemplative Enigmas: Insights and Aid on the Path to Deeper Prayer*. São Francisco: Ignatius Press, 2020.
Um guia seguro e sólido para o discernimento na oração contemplativa.

HESCHEL, Abraham J. *The Prophets*. Nova York: Harper Collins, 2001.
O encargo dos profetas era discernir os movimentos do Espírito de Deus no mundo. O livro de Heschel contém muito sobre como eles cumpriram sua missão. Muito do que disseram e como o fizeram contém lições para nossos tempos; vejam especialmente o capítulo "Theology of Pathos". Altamente recomendado.

IVENS, Michael. *Understanding the Spiritual Exercises*. Inglaterra: Gracewing, 1998.
Um comentário notável sobre os Exercícios por uma pessoa instruída e perspicaz.

KISER, John. *The Monks of Tibhirine: Faith, Love, and Terror in Algeria*. Nova York: St. Martin's Press, 2002.
Discernimento comunitário; o martírio era a questão.

LOYOLA, San Ignacio de. *Obras Completas*. Editado por Ignacio Iparraguirre e Candido de Dalmases. Biblioteca de Autores Cristianos. Madrid: La Editorial Catolica, 1963.
As fontes inacianas originais em uma edição de um volume com numerosas notas concisas e referências.

NEWMAN, John Henry. *An Essay on the Development of Christian Doctrine*. Garden City: Doubleday, 1960.

O'MALLEY, John W. *The First Jesuits*. Cambridge: Harvard University Press, 1993.
Como um punhado de homens sábios criou e consolidou a Companhia de Jesus por meio de contínuos discernimentos informais e formais.

PEGON, Joseph; STUDZINSKI, Raymond. "Discernment, Spiritual." In: *New Catholic Encyclopedia*. 2ª ed. Vol. 4, 765-767. Washington: Universidade Católica da América, 2003.
Artigo de resumo; bibliografia essencial.

SERVAIS, Jacques (ed.). *Hans Urs von Balthasar on the Ignatian Spiritual Exercises: An Anthology.* Trad. Thomas Jacobi e Jonas Wernet. San Francisco: Ignatius Press, 2019.
Um livro rico em reflexões perspicazes sobre o discernimento.

THERRIEN, Gérard. *Le discernement dans les écrits pauliniens.* Études Bibliques. Paris: Gabalda, 1973.
Um trabalho acadêmico com ampla bibliografia.

VRIES, Piet Penning de. *Discernment of Spirits.* Trad. W. Dudok Van Heel. Nova York: Exposition Press, 1973.
Uma introdução à doutrina de Santo Inácio de Loyola sobre o discernimento com base em fontes originais.

Edições Loyola

editoração impressão acabamento

Rua 1822 n° 341 – Ipiranga
04216-000 São Paulo, SP
T 55 11 3385 8500/8501, 2063 4275
www.loyola.com.br